为了人与书的相遇

九堂中國文化課

许倬云 著

广西师范大学出版社
·桂林·

图书在版编目(CIP)数据

九堂中国文化课 / 许倬云著 . 一桂林 : 广西师范大学出版社，2020.6（2021.4 重印）

ISBN 978-7-5598-1733-4

Ⅰ . ①九… Ⅱ . ①许… Ⅲ . ①中华文化 – 通俗读物 Ⅳ . ① K203-49

中国版本图书馆 CIP 数据核字 (2019) 第 071088 号

广西师范大学出版社出版发行

广西桂林市五里店路9号　邮政编码:541004

网址:www.bbtpress.com

出　版　人:黄轩庄

全国新华书店经销

发行热线:010-64284815

山东新华印务有限公司

开本:880mm × 1230mm　1/32

印张:7.25　字数:156千字

2020年6月第1版　2021年4月第3次印刷

定价:58.00元

简体版自序

本书是我在台湾大学讲演集的大陆版，原书是由2006年我访问台大时的两次讲演，加上和同学们的一些讨论组成，书名是《傅钟回响》，由台大出版中心在2008年出版。我是台大的毕业生，曾经在母校服务过一段时候，后来也多次访问母校。2006年的访问，可能是我最后一次回到母校。因此，也可以算是我对母校能稍尽绵力的最后一回。过去访问台大，都是正式开课。这一次访问，经过历史系吴展良主任的安排，却稍微有一点特别：在历史系开课，修习的学生都是研究生；而且除了在讲堂上同学作报告、我加以评论外，下午还另和同学有单独的谈话。在这一学期，实际上我从同学们那里受到的启发，还多于我给他们的协助。甚至可以说，开了一学期课以后，我又一次从母校获得不少进益。为此，我向母校以及吴展良教授和选课的许多同学，致以谢忱。

本书，每一节都是和某一位研究生研究课题有关系。因此，各节之间看上去相当散乱，彼此并无关联。可是，文化系统是一个整体，政治、经济、法律和意识形态，种种面向，其实彼此相关；同学们提出的问题，都是种种面相中的一面和一片。有心的读者大概可以发现，在我的回答中，其实每一段都可以和另一段连在一起看。人文和社会学科的研究，不容分割为互不相连的学门，如果各科之间互不相干，我们的努力永远只是盲人摸象，抓到了鼻子、抓到了腿，可是抓不到大象的整体。只有领会到，鼻子也是大象的一部分，大腿也是大象的一部分，象肚和象尾也是大象的一部分，我们个别的努力，才可能联系成为一个整体的理解。

那两次讲演，一次是讲知识分子目前和未来的角色，另一次讲多种多样的现代性，其实都是有感而发。中国长久有学者关怀社会的传统，在过去，学者们是士大夫，后来就成为知识分子，或者“知识人”，这些以追寻知识为志业的学者，曾经发踪指使，也曾经针砭批判。无论书呆子的意见是否适当，至少他们的用心是为社会做一个理性的指引和纠正。在近代，知识愈来愈专业化，知识可以转化为权力甚至金钱。知识分子变成专业人士，他们个人的收益可能相当可观。但是他们往往失去了独立的立场，为政权、为企业服务，而不是为了社会。现在科技昌明，知识的作用，影响人生既深又广。如果知识分子不具社会良心，只是为了个人的利益发挥知识的潜能，他们就成为科技世界内的新“婆罗门”。那篇讲演，正是我为台湾学界已经呈现的这个趋向而忧心忡忡。

另一篇讲演，是有关“现代”的多样性。近百年来，中国努力摆脱传统，走向现代，可是，“现代”两个字的含义，似乎都是代表西方文明在近几百年的发展方向。走向现代，几乎就是“西方化”的同义词。我在这篇讲演中,也特别指明，西方近几百年来的发展方向有其历史特定性，世界各处承受西方压力及因此发生的响应，也有其历史特定性。天下没有真正所谓“现代”，“现代”时时在改变。甚至也没有特定的“西方”，因为“西方”也一直在改变。如果不认清这个问题的内涵，我们将永远落在人家已经走过的路后面，当人家转方向时，我们还在原路追赶。这一危机，近百年来，中国似乎一直视而不见，近六十年来，海峡两岸的种种做法，也脱不开这个盲点。

以上两个讲演，是历史问题，但也是未来的问题。如果不认识过去和目前，我们将一直在蒙着眼睛走瞎路，知识分子如果不担起社会良心的责任，则这种新“婆罗门”对社会的进步和预防社会发展的错失，都将无所贡献。

我进入台大读书时，只有十九岁，今天我是八十岁了。回顾整整一个甲子，当年一切，师生际遇，许多细节，宛然在目。尤其念及当年的老校长傅孟真先生，他虽然只担任两年校长，但他对台大的贡献，后人无与伦比。他尽心尽力为学术、为社会正义、也为了教育青年学子，呕心沥血，在五十四岁的壮年，劳累气恼，就撒手而去。很少有人在短短的五十四年内，能如他一样，替社会、国家做了这么多的事。最重要的是，傅先生树立了知识分子的典型；曾经在一次全校作文比赛上，他出的题目是："士不可不弘毅，任重而道远"。傅先生的一生，确实是做到了死而后已。台大校园有个傅钟，正在文学院的面前，是为了纪念傅先生而建。我们在那钟声下长大，我一生工作，也时时不忘傅钟代表的激励，原书书名《傅钟回响》，正是表达了我的心意。广西师范大学出版社出版这本书，改换了书名，我也理解，大陆上的读者，不明白"傅钟"两个字对我们的意义，可是我必须在此说明，以表达我自己对老校长的怀念和感激。

许倬云

2011 年 3 月

繁体版编者序

2006年10月至12月间，许倬云先生以特聘讲座教授身份，为台大历史系开授“中国文化教研专题讨论”课程，并在台大做了两次公开演讲。这本讲学集，就是许先生九次上课及两次公开演讲内容的集结。

许倬云先生祖籍江苏无锡，1930年生于厦门，1948年来台，1949年考上台大，与台大的渊源很深。很多人不知道许先生刚进台大时，报考的是外文系，大二才转入历史系。当时傅斯年校长及文学院院长暨历史系教授沈刚伯先生早就注意到他中国通史和西洋通史的成绩都很好，并说了“早就该转历史系”这句话。许先生后于1953年获学士学位，并考入台大文科研究所史学部，即今台大历史学研究所的前身。1956年毕业，硕士论文写的是《古代中国的天与帝》，指导教授为李玄伯（宗侗）老师。同年，许先生进入“中研院”历史语言研究所任助理研究员。翌年，承时任台大校长的钱思亮先生及胡适先生多方奔走及协助，顺利获得徐铭信先生留美奖学金，负笈至美国芝加哥大学东方研究所深造，于1962年获人文科学博士。旋归本系任教，并于1964—1970年间以教授兼系主任的身份引进社会科学治史的新方法，并推动了许多重要的改革。

1967年9月，在许先生担任系主任任内，台大历史学研究所正式成立博士班，这也是台湾的大学中第一个成立的历史学博士班，堪称培育历史研究及教学人才的摇篮。1970年8月，许先生因故辞系主任一职，远赴美国匹兹堡大学历史系执教，直到1999年荣退，转任校聘讲座教授。其间，于1980年荣膺“中研院”院士，另曾于1984—1985年间获聘为本系讲座教授。

许先生学贯中西，以中国古代史及中国文化史的研究享誉史学界。基于知识分子的使命感，许先生对历史知识的普及不遗余力，并常评论时事与文化议题，文字间不断流露出对于国家社会与人类文化的关怀之情。

许先生自匹兹堡大学退休后，虽曾受邀至各处讲学，却极少在台湾开课。2006年，在蒋教务长丙煌、黄教授俊杰与敝人的共同努力下，力邀许先生回校讲学。除了让年轻学子得以亲炙大师风采，也希望在他的指引下，让同学对历史与文化的研究有深一层的认识与反省。校方原本计划邀请许先生大班授课，但许先生以体力因素婉拒，改授研究所课程。2006 学年度第一学期，校方以特聘讲座教授致聘，许先生回到历史系开授“中国文化教研专题讨论”课程。

这门课程的修课对象，设定在对“历史与人文”领域有兴趣之硕、博士班研究生，不限文史科系。上课主要以专题讨论及个别指导之方式进行，修课人数限十二人，后来加上外系及外校的旁听生，共有十八人听课。我自己也“随班上课”，协助许先生处理一些行政事务，并与学生一同瞻仰大师风采。

上课时间自 2006 年 10 月 3 日至 12 月 19 日，地点在设有无障碍设施的“国家发展研究所”，每周二上课，前后九次。第一堂由许先生概要介绍中国文化的核心要素及上课方式，第二堂开始由修课学生自订主题，撰写报告后分组宣读，许先生再加以评论，并开放同学提问及讨论。最特别的是，许先生要求当天报告的同学预留下午的时间，以便单独和该组同学进行深度对谈，形式不拘，主题亦不限于学术。以许先生的体力状况，主动提出要和学生“聊天”，机会着实难得；加上许先生为人亲和，对谈时如沐春风，内容又包罗万象，很多同学深觉受益匪浅，受到的启发和提示与课堂评论截然不同，诚可谓“听君一席话，胜读十年书”。

许先生当初未考虑以其专业领域“中国古代史”开课，而以较为宏观的“中国文化”为主轴进行专题讨论，目的在引导修课同学对历史事件做宏观的思考、判断、分析及归纳。

而课后对谈，则是用一对一直接指导的方式，针对各人的特质，以期收到最大的效果。

在许先生回母校客座期间，台大人文社会高等研究院亦把握此难得机会，邀请他为该院主讲第一次人文讲座。时在2006年11月29日，于台大应用力学研究所国际会议厅举行，主题为“历史上的知识分子及未来世界的知识分子”，由包副校长宗和亲自主持，众多师生齐聚一堂听讲，并踊跃提问。

许先生历来深切关怀当代社会文化之演变与发展，借用张载的“为天地立心，为生民立命，为往圣继绝学，为万世开太平”，作为对当代知识分子的期许及努力的目标。在知识已成为商品、掌握知识者即掌握权力来源的今日，许先生语重心长，希望大家坚持知识分子的良心，“愿意做傻瓜，承担痛苦，抗拒财富与权力诱惑”，以文化的承载者为自我期许。

同年11月30日，校方另行举办一场小型论坛，主题为“多样的现代性”。许先生深入浅出地阐释何谓现代化，并自历史上的文化涵化及全球化等角度，说明现代性的多种面貌；人类社会正在彻底重组，我们不应只向过去看问题，应该把眼光放远，深思熟虑。

这本讲学集汇集了许先生九次上课和两次公开演讲的内容。在上课及演讲前，我们征得许先生同意，将每次上课内容全程录音，由几位修课同学合力整理出文字初稿，并提供课堂报告及摘要，送请许先生推荐的责任编辑汤世铸先生查证资料及润饰全文，最后请许先生亲自过目定稿。

许先生晚年已较少撰写考证研究与专题论文。至于一向视为副业的“为报纸写文章”,也有感于自己离年轻一代较远，恐出不合时代之论，而于2005年圣诞节后决定停写。他自己曾说，过了七十岁以后，凡是公开演讲，他都当作是最后一次，由此更显得这本讲学集的特殊与珍贵。我们希望这本集子的出版，可使历史研究者及一般社会大众，经由许先生的提点，得以较宏观且多面向地了解自己的文化与历史，培养面对未来世界的智慧。

本书编辑过程中，除邀请汤世铸先生负责整理文稿，又承及本系陈南之女士负责整体的编务，以及台大历史系多位研究生担任誊写录音稿的工作，在此一并致上深切的感谢。

台大历史系吴展良谨识

2008年4月

目 录

第一讲

困境与转机*

* 本文为2006年9月26日于台湾大学历史系授课内容。

人类的历史，有许多吊诡、矛盾的地方，也会碰到许多困境。中国几千年走下来，其间若没有困境，就不会在 1840 年被西方一棒槌打成脑震荡。

当前的困境是：我们在“自杀”，全世界的人在“自杀”。自然界里的癌是人类，人类里的癌是白人，白人里的癌是白人精英，而白人精英做得愈好，大家愈倒霉。

我们有没有警觉到这个困境？有！太多人已经警觉到了，但警觉是一回事，很少人试图去矫正困境。你若到各大学或“中研院”的研究室去，会发现很少有研究是为了矫正，更多的研究反而是在推动这个困境。从未来往回看，当下的我们，竟走到一个穷途末路的环境上去了。

知识成为商品的时代

你我号称是“知识分子”，即古代的士大夫，又称作“儒生”、“学者”、“状元”、“进士”，是读书人，是知识的追寻者。在启蒙时代，读书人追寻知识是基于追寻一种解决难题的渴望，那是一种挑战。今日不是如此，知识的实用目的在后面赶着你跑。在我读书的时代，做学问的步骤是从理论到实验，再从实验到生产，今天倒过来走，需求赶着你去做实验，实验赶着你去追理论。于是，今天追求知识的人，不是为了满足好奇心，不是为了要解开一层层包裹着的难题，而是为了钱，以及伴随钱而来的尊荣、地位和影响力。知识变成最有价值的商品，因此今天经济学、管理学一枝独秀，人文社会学科地位低下。因为知识是商品，过去那种知识分子在今天已经消失，取而代之的是以知识经济为目标的知识人，比尔·盖茨、张忠谋都是活生生的例子。知识分子与知识经济结合在一起的时候，社会上出现了一群新的精英、新的婆罗门。新婆罗门的教主，是财富。这些新婆罗门或新精英追求知识，不再是为了理性和心智，或是心灵上的渴望、精神上的需求，而是为了掌握更多的权力、影响力和财富。这与启蒙时代重视知识的理性、知识本身的可贵，已完全不同。那是个了不起的时代，心智完全解放，可以把一切偏见丢开，做纯理性的推论。

在检讨这个大课题时，我们也可以回头看看历史。中国是不是一直有一套“学成文武艺,卖与帝王家”的东西在那里，以至于支配我们到今天？几千年来，中国的士大夫跟帝王家对立的少，为帝王家服务的多。读书人出卖“文武艺”的传统其实很长，只是现在的对象已从帝王转变成“市场”，如此而已。今天，有大学联招、有补习教育，还有本本都要念的一纲多本。所谓“一纲多本”，多本还是一纲，那为什么要念多本？目的是要你记得琐碎的地方，不遗漏任何事情，使你考试可以过关。这不是为了知识,只是为了追寻新婆罗门的位子。

穷途末路的今日世界

几千年来的各大文明传统，到了现在，万流归海，都归向一个同样的“今日世界”。但这“今日世界”，物质丰富但浪费，同时心灵却是干枯、空洞、荒芜的。我们不知道活在世界上干什么，不知道人生终极的目标在哪里，不知道天地与我们的关系，也不知道过去跟今天的联系在哪里。“究天人之际，通古今之变”，司马迁这话到底有何意义，我们早已不去管它了！若继续走下去，我们就像是使用着非常好的武器去推动世界的毁灭，在推动的过程中，一群婆罗门驱赶着一大批不再用脑筋的原始人，一起趋向世界末日。

这末日，不在你我的今天，应在五十年后你我的孙子辈。五十年后，我当然早就不在人间，可你们都还在。今天我们面临的是穷途末路。面对穷途末路，大家不能继续在一个小题目里钻到两眼漆黑，安于一个月多少万的薪水，过着舒服的泡咖啡馆、出国旅游的日子。我们要问，我们的心放在哪里？个人人生及群体人类的目标在哪里？我们应死守的价值在哪里？既然没有上帝，也不能再创造上帝，那我们要创造什么样的人生？这不是哲学系的事，不是宗教家的事，而是我们每个人都应好好想想的事。

提问与回答

吴展良主任：针对许老师刚才所讲，同学们在观念上有没有什么问题要问？

问：老师认为，近代文明受到西方工业革命后物质文化的严重影响，人类世界走向一个发展的终结。在这种危机感之下，知识分子该如何面对？有没有克服的机会？听老师的论述，似乎是比较悲观。我想，生命自有自己的方向，人类可以走出一条活路。既然是人类造成现在世界的危机，人类也有义务和迫切的需求去改变这种现状。请问老师，知识分子要如何去改变？

许：对，所有的危机都有可能是转机。现在的我们，有几个大好处：第一、我们比较不受任何教条的束缚，有一个比较自由的心灵。天主教会、中国儒家、基督教教会，对我们都没有像对我们祖先、前辈束缚得那么凶。伊斯兰教是例外，还存在着太多的束缚。虽然我们仍有许多流行、潮流或习惯的束缚，但这些束缚的强烈性、强制性，远不如以前的教会或中国礼教那样严重。换句话说，现在这些束缚都可以打破，问题在我们自己要不要打破。

第二、多元文明的冲击，使我们每一个人都有机会接触到另外一套想法。从前的每一个人，都是在他那个文明系统长大，没有第二个想法的习惯。今天资讯丰富，我们能采撷的灵感泉源要比过去多得多。

第三、检索或检验丰富资讯和记载的便捷度比以前好太多。我做学生的时候，到图书馆去查资料，既没有现在的数位检索，也没有影印机，资料都是一行一行抄写在小卡片上。我读完台大四年本科、三年硕士，小卡片装满十来个鞋盒子般大小的盒子。今天有很多工具，只要不被工具驾驭，我们就会有很大的机会从人类最好心智留下来的东西里，捡出碎金片玉，再自己拼凑、整理、熔铸，形成一些新的东西，拿出来跟别人讨论。况且，今天社会上的禁忌比以前少太多。所以我们可以在“破”之中，寻找自己可以做到的一点点“立”，这是知识分子应有的责任。如果我们要做知识分子，而不是做新婆罗门，可以朝这方面努力去做。

每一个文明系统，在演变过程中都不断走入或大或小的困境，再不断从困境中钻出来，正反合、正反合地一直出现。今天万流归海，归入了“今日世界”，但今日世界并没有抹杀前面的东西，除非我们遗忘。今天，大家过得很快乐，遗忘过去很容易，但学历史的人不可遗忘。在我们之前，那么多古人把他们从独特困境里走出来的经验留了下来，这些经验可以变成人类共同的经验。假如我们不运用这些共同的经验，就无法改变目前的困境。我非常尊重人类心智的自由，以及心智无限发展的可能性，所以我同意你讲的，我们应当努力去改变。我开这门课的目的，也是希望能刺激大家这么做，希望大家在每个人自己的课题上努力地做，同时不要做个现代的婆罗门。

问：老师讲到“学成文武艺，卖与帝王家”，消费刺激生产，其实学术界也是在这样一个大环境底下。台湾的学术制度，就是不断要求研究生，甚至是学人，制造论文，使我们没有办法好好读一些书，去累积知识或涵养自己的心灵。我现在是博士生，每一堂课就是不断被要求制造论文，反而没办法好好地去完整阅读一本自己有兴趣的书。学者或老师也是一样，每年只是忙着交一些论文，甚至没有办法完成一本著作。刚刚听了老师的讲演，我觉得似乎是整个大环境一直在挤压，在时间上或在气氛上变得让我们无法累积知识。想到这一点，我觉得非常惶恐。请教老师，我们该怎么去面对这样一个大环境？

许：这是挣扎，在一层一层框——你的习惯和社会规则中挣扎。在束缚底下的挣扎是苦的，挣得出来或挣不出来，要看你个人的决定。你是要顺着潮流、社会成规去获得一些东西，还是牺牲一些东西来满足另一部分的自己？你只是要决定而已。

不错，大家都很忙，我七十多岁还忙得发昏，但人的精力跟时间的支配都可以计划，可以排出优先顺序。还有，你不要看轻人的精力限度，那个限度宽得不得了，你可以做到想象不到那么多的事，但你要预先安排时间，安排优先顺序。

问：许老师，我要问一个比较技术的问题。记得老师曾说过，不要从材料找问题，要从问题去发现材料在哪里。如果我已经想到一个问题，要去找材料的时候，会怕没有材料，或是怕材料很零碎，散在各个地方。我要如何精确找到可以支持这个问题的材料？又要怎么去整理这些材料，是不是有比较好的方法？

许：这要因事而论，哪一种问题需要什么样的材料，到时候才会知道。我太太相当喜欢逛街，我问："你要逛街买什么？"我太太的回答是句名言："我怎么知道？到百货公司里逛了再说！"她最后买到的东西，确实不错，而且都是很需要的东西。材料要你自己去发现，是你叫材料说话的。举个例子，我的博士论文用的材料是人人可见的那部《左传》，我用统计方法叫《左传》里的两千多人说出他们的背景，说出他们的身价，说出他们所在的位子。如何从材料挤出水来？因时而异，因地而异，一如岳飞（1103—1142）打仗是打野战，没有兵法，"运用之妙，存乎一心"。不要认为有方法学，方法学是老师写给学生看的，那是老师他自己的方法学。每个人都有自己的方法学，但巧妙不同。

你要多看书，看书时不要专看结论，要看研究过程。读书不要读结论，要读过程，过程是真正好的地方，结论却都是不完不备的。没有一部书的结论不会被挑战，但作者研究过程中的努力却常常可圈可点，所以大家看书时要从过程里学到招数。死守一家家法的人，是最笨的；要活学活用，人家一招过来，我们从里面化出另外一招。有人问我："你的家门在哪？"我说："没有，我的拳是百花错拳，所有门派的拳，我都接受。"没有一言可尽的方法，看多了、学多了，自然会找出方法，知道哪个问题要找哪些材料，以及如何从材料里挤出它的声音来。

我从前在台大教书的时候，就一直鼓吹要跨学科去学东西，别的学科有一些历史学想不到的东西。历史学从所有学科借东西过来，所以不要单拿历史学一门当作学问，其他学科也都是学问。换句话说，你做任何研究，不要死待在那里，要跑，而且跑的时候不要忘掉之前已跑过的路。如此，你可以学到别的经验，再转化到另外一条路上去。今天，我在车上跟吴主任谈到年鉴学派（The Annales School），年鉴学派的大师们，换题目勤快得很，每两篇文章一个题目，但他们用的方法一以贯之，每一位都有他自己的拳路。你要随时随地学，随时随地吸收，形成自己一套家法。

问：如老师所讲，从文艺复兴以来发展出的几个核心观念和整套运作的体系，未来会没有发展。可是，在这个大框架下发展出的学科，其实还是有实际利益和用处。比如说，生物科技可以生产出更多的粮食，管理上也可以让各种物资运用得更有效率，虽然分配上可能不太好。我们在全面反省这个大框架时，要怎么样运用这些有实利的东西？

许：目的跟方法是两回事情。实在用处、实在利益的东西，当然是有，但要看实利的后果。现代武器效率最高，杀人最多，但这个效率是不是值得用呢？用制造杀人最多、最快的武器同样的效率，一样可以转化为救人医人。

另一方面，目的在医人、治人、帮助人的医学，让人的生命愈来愈长，可是人们最后二十年的生命却非常痛苦。我要是六十五岁死，大概会很快乐，但我的医生拼命叫我活得更久一点，以后还不知道要再熬多少年。单单从目的这一个角度看，医学的目的是延长人的生命、解除病痛，后果却是有一大堆人要“长期照顾”。最近，我跟内人正在找寻安顿余生的地方，在美国各处参观了许多退休村、养生村，参观过程中的最后一个部门就是“长期照顾”。每次走到长期照顾部门时，我常常问自己：我需要进来吗？所以，我跟我太太的遗嘱中说，到了某个阶段就不要医治。这跟医生要治好人的目的，不是背道而驰吗？所以“实利”这两个字，要分开看，要看从那个角度看，是从它自己宣告的、可见的目的来看，还是从隐藏的结果来看。

问：许老师，我是历史研究所硕二的学生。在阅读著作或论文过程中，我常常问自己一个问题，也是要请教老师的第一个问题：我们研究的这些知识，跟我们的生命有什么关系？第二个问题是，当我们反省某个问题并想把它透过历史书写出来，如何让这些东西在所谓的人类文明中能够有确实的作用？

许：从自己的经验来说，我自二十岁在《大陆杂志》发表第一篇文章到今天，在历史学这个社群里生活了几十年。我没有找到真正可以回答大家问题的东西，也没有找到可以说“That's it”的东西，但最起码我没有把自己丢掉。我可以不丢掉自己，你也可以。我有几个同事，得到很多学术上的职位，但他们丢掉了自己，凄凄惶惶在这个圈子里打转。我安身立命于此，安身立命不在于你找到所谓的“真理”（the truth），而在于你是否有一直追寻的努力。不丢掉自己，是说你要自己做主张，一直去追寻、反省和思考。思考后，书写和分享出来。

分享也不一定要在学术刊物上或报章杂志上。大家知道，我以前常在报上写专栏，去年（2005）封笔不写了，因为我想多写些给一般人看的东西。过去写专栏会受到拘束，因为必须讨论时事，而我总是把我的思考透过时事写出来，有些人确实看到了这些时事背后的思考。只要有一个人得到我的信息，我就舒服很多。如果当年我和我的双胞胎弟弟一样读核能，今天大概也可以过得去，但我不后悔读历史，因为历史园地给了我诚实的空间，太自由了。我弟弟已退休，很快乐地在诗词里消磨余下来的时间。他把核能完全丢掉，但核能给他的训练照旧有用。在诗词里，他一样可以找到自己安身立命之所。叶言都，你是我的老学生，也是《中国时报》的“老人”，你也可以不丢掉自己，对不对？

叶：听过两位的对话以后，我愿意进一步来谈一下。我个人是学历史的，然后在新闻界工作了二十多年退休。我有一个很深的感触，那就是政治界、经济界或企管界的精英，要影响群众，可以做得很成功，像政治运动者发动群众运动，企管界老板或总经理督促全公司的员工工作。可是，在历史学界里，这方面非常缺乏，换句话说，历史学界跟社会大众之间的落差非常大。历史学者的研究和思考成果，以及他们对社会的关怀，始终没有一个恰当的渠道或恰当方式传播出去。我一看到许老师那本《万古江河》出版，就直接跟《中国时报》的开卷版说，请把这本书的书评留给我，因为我非常愿意来写这一篇。实际上，我个人现在还教一班私塾，同学们是十几个四十几岁到七十几岁的女士，她们愿意回过头来学历史。就我个人的经验，社会大众确实有这种需要，大家看了很多电视剧，都会问我："这究竟是不是真的？"所以，我们这些学历史的人，要怎么建立一种机制，把我们的关怀和研究成果介绍给大众，这是我个人一向最关心的事情。

许老师，您在很多报纸杂志上发表的专栏，我都看过，也认为那些都很重要。但是，我要提出一点，最近几年的传播媒体发生了很大的变化，媒体本身变成商品，媒体提供的篇幅本身是可以卖钱的。这种为消费而消费的导向，正大举侵入媒体，老实说，大家对传统媒体已经很难抱有期望。幸好，现在有一个新兴的媒体，就是网络。我认为每个历史学者，都应该在网络上设立自己的部落格（blog，大陆称博客）

或网页，因为只有网络目前不受消费主义导向的控制。不晓得许老师您有没有这样的计划？

许：我的遗憾是打字困难。我对读部落格很有兴趣，在部落格上，我看了人家很多文章，想回话，但打起字来很困难。我是用一个指头打字，一指神功！打英文不用想，倒还罢了；打中文，还得回头挑字，甚为苦恼。所以，对网络、部落格，我是望然兴叹！

网络上，台湾的讨论不如大陆热闹。我每年去南京一趟，看到大陆大学生在网络讨论区的回应，一吵就是长篇累牍，比台湾热闹多了，这可能是因为他们没有大众传播，只好靠小众传播来交流。北大有个“一塌糊涂”网站，之所以叫“一塌糊涂”，是因为北大有一个塔、一个湖、一个图书馆，上面交换的意见很活泼、很热闹，老师们也参加讨论，而且彼此的影响远比课堂上还多。

问：老师提到大陆很多网站很热闹，但我相信台湾的BBS“批踢踢”（PTT）里面回应的热门程度，不会比大陆少。我比较担心的是，虽然部落格或BBS作为一个新的媒体，有更多交流的园地，但就历史学研究来说，这种新兴的网络媒体，会不会造成另外一种历史记忆的操作？我研究台湾史，发觉很多作品与诠释，特别是1987年解严以来，其实是不同的历史记忆。在讨论台湾历史的网站，里面的东西跟战后六十年来所宣扬的历史经验完全不同，当然有部分是本土的反省以及对过去体制的批判，但我发现有不少是在重新操作另一种新的历史记忆，而且在重新建立诠释的过程中，似乎形成了另外一种集体多数的意志，乃至于是多数的暴力。特别是台湾网络上，大众很容易受到少数韦伯所说的 charisma 学者的引导。这种现象，对台湾的发展并无益处。我很担心，台湾的历史学会不会被少数精英垄断？

许：会，但同时因为网络是开放的，没有人能操纵它、封杀它。世界有些国家的政治力量想封杀网站，天天封，天天蹦出新的来。网络只不过是讨论的平台，我们自己反而要养成判断的习惯，不能跟着人家跑。举个例子，有本翻译的书叫《一个德国人的故事：哈夫纳 1914—1933 年回忆录》（*Sebastian Haffner*, *Geschichte eines Deutschen: Die Erinnerungen 1914-1933*），因为出版社晓得我对德国有点了解，就找我写了个序。我写到希特勒跟犹太人的问题时，顺便讲到日本的军国主义。结果一如你所说，记忆跟我不一样的人在网络上反驳我，说：日本是东亚的救星，日本人是为了黄种人抵抗白种人，甚至为此目的不惜奴役其他的黄种人，这是应该的。这些人仍以日据时代的一套理论，认为日本人是优秀的，因而德国人也是优秀的。大多数读者读到这种意见，会晓得他所言所写是偏见，不会把他的话和我的话等量齐观。对犹太人的事情，德国自身的反省多得很。我们到德国游历，走在大街上，走不远就可看到一个牌子，说这里是当年纳粹抓人的地方，那里是监禁犹太人的地方，或是送犹太人上火车的车站，诸如此类。所以，开放的网络平台能够给大家机会，让人们看到各种不同的东西。要是反驳我的人不这么写，我们就不会理解竟还有这么多的人沉溺于日本“神国”的优秀、日本的责任之中。这些人认为，日本人杀马来西亚人是责任，杀中国人是责任，甚至连南京大屠杀也是“作战”，不是屠杀。如果他们不在网络上写出来，我们怎么知道竟然还有这么多人相信这些呢？

网络这个平台，就如叶言都讲的，是流动的，没有人能管束它。网络这开放的媒体，和企业化的大众媒体很不一样。叶言都是从企业化的媒体中钻出来的，几十年来看到企业化的深度越来越深。我们的老朋友——《中国时报》的余（纪忠）先生，一方面要追寻舆论跟大众媒体的自由，另一方面又加强企业化，他的志向和做的事情不无距隔。

叶：老师，这里我要为我以前的余董事长说句话，那就是很多人可能不同意要先有经济上的实力，然后才能有一个足够分量的媒体，发表理想中想说的话。

许：这就跟日本人说我有责任是一样的，异曲同工。我很佩服余先生，多少年来，我们有着很好的交情。但这一部分，我跟他意见相悖，我对他说，要给记者、专栏作者更多的空间。

在这里，我必须说，他对我们这些写专栏的人，确实是给了足够的空间。

问：刚刚有同学提到知识跟生命的关系。我想到的是两千多年前老子提到“为学日益，为道日损”，可见两千多年前这就是个值得讨论的议题，老子的回答是要我们“益之又益，损之又损”。此外，老师提到现在是多元社会，所以不会像以前一样只有一套东西，但我的想法是，这种情形只对人文社会科学专业的人比较好，因为他们可以在多元当中选择适合的，不会像以前那样只有束缚。对一般的老百姓，或是对非人文社会专业的人来说，可能会因为社会的多元而造成无所依从，甚至随着时代潮流载浮载沉。请问，如果是一般百姓或是非人文社会专业的人，如何在多元社会中安身立命？

许：你的责任，就是在帮大家从无所适从中，理出你认为可以走的线索。你指出荒谬之处，指出逻辑不通之处，指出没有依据之处，有人会反驳你，但两造都摆在那里让大家看。如果你不做，只有一造；你做了，就有两造。

“为道日损”是说如果这“道”本身是一个人的坚持，一群人的坚持，一个时代的坚持，它就会变成束缚。你要给人自由思考的习惯，给人自由思考的权力。这也是我开这堂课最大的目的，每一堂我都希望告诉大家，怎么样去刺破一个谎言，识破一个谬论。

问：请问老师，其实谎言不是出于恶意，而是出于误解跟偏见呢？

许：他说谎，动机可能是失误，他自己可能不知道。但其他人可以告诉别人说，他失误的后果可能是灾害。我对古人，不管哪个古人，都存一个宽恕之心，不责备他，可是要指出后果来。为什么要有宽恕之心？我常说，把我放在那个位子上，可能犯更多的失误。刚刚余先生的事情，我一句话点出来，但我对他存宽恕之心，因为他真实诚恳，确实是一个争舆论自由、争种种权利的人。平心而论他一辈子办成这么大的新闻事业，功绝对多于过。

台湾几个企业化的媒体，在1970年代功劳最多，把台湾的自由真正打开来了，那是个非常令人兴奋的时代。回想起来，实在很高兴。像张作锦、周天瑞这些朋友，打长途电话到美国告诉我发生什么事情了，给我半小时想，半小时后再来电话；由我口述，他们笔录，加上两个录音机，一面说一面写、录，这样写成一篇文章，再复述一遍就上报。一个礼拜上三次、四次报都可能。那时，我们花力气争来的自由，今天被这么个……唉！难过。好了，今天时间到了，谢谢大家。

第二讲

知识分子暨民族主义*

修课同学之课堂报告题目：

一、对于思想史、学术史上的章太炎的若干初步思考

台师大国文所硕一

苏柏诚

二、从19世纪末至20世纪初的亚洲主义看东亚民族主义发展之畸变与困境

台大历史所博三

萧明礼

* 本文为2006年10月3日于台湾大学历史系授课内容。

在康有为的心目之中，他自己是孔教的圣者；章太炎（1869—1936）则以当世圣人自居。他们两人都要回到原典，不过康有为胆子很大，将原典作为工具，依托原典来改制；章太炎回到考证，从考证里面再肯定“内圣”。这位同学以精神形态来处理康有为，是蛮有意思的切入点。

“后设史学”（Metahistory）和“心理史学”（Psychohistory）来做个人传记，是从艾瑞克森（Erik Homburger Erikson，1902—1994）起头后一个传记学上的显学。在西方，传记之学，不管哪一个学派，都有一个要件，就是以个人的日记、书信等“私文件”作为基础。在中国，最缺乏的恰好就是这种私文件。中国文人的日记很靠不住，像胡适之先生的日记是专门写给别人看的；书信，基本上我们都隐藏着不给人家看，书信内容里的亲密度跟西方也不一样，像章太炎的书信也是编辑过的。所以，我们没有私领域的资料可用。

儒家的最后一代人物

你在报告中讲到章太炎那么自大自狂，倒是反映出一个现象，那就是为什么章太炎自大自狂，以至于黄季刚（1886—1935）、徐复观（1903—1982）等人也一样？章、黄这一系

《对于思想史、学术史上的章太炎的若干初步思考》

摘要

苏柏诚

本文中表述了笔者对于思想史及学术史上的章太炎的若干初步思考，并试图提出一些可能的研究方向，以向博雅渊深的许老师请教：一、与康有为相较，章太炎的儒学思想中“批判”与“革命”两项特色较为鲜明，故前者欲定孔教为国教、保皇，后者不但反对，还要“订孔”跟革命；但二人仍可视为“中国学术思想现代化的共同推手”。二、章太炎有“章疯子”之称，此特殊现象应从其本人及亲友师徒、媒体、大众、历史等面向，探讨其间有机而复杂的交互作用。三、章太炎文辞古奥艰深，这种文风，应有其思想与历史上的意义，值得探究。四、与其僵固地去分判章太炎为保守与激进，毋宁对他采取一个“精神现象学式”的解析，以阐明其年少到老耄的发展变化。五、章太炎为小学名家，但后来能走出考据，有自己的体系性哲学思想，其中当有一内在理路。

列人物，自比为圣者，自认圣统、道统在他们的身上，是圣人，就可以傲视天下。为什么？章太炎有这种“我是圣者”的胸怀，钱宾四先生（1895—1990）就不愿如此。章、黄代代相传，都有这种身为圣者的心情和想法，后来的新儒学那一批人，或多或少也都带有狂者的倾向。一批人这样自大自夸的现象本身，是值得去推敲的。

虽然没有那么多私文件来佐证，但仍可以从他们的作风、书信及诗词里推敲出一些东西。像章太炎特别喜欢挑最难认的字，来写最容易的意思。一个普通的字，章太炎一定挑古体，一般人不认得，其心态是：因为你不认得我认得，表示我的学问足够探玄索隐，足够远追圣人的传统与道统。这种狂者的心情，魏晋时人也有，但魏晋的狂者是脱开传统、摆脱礼教，而这些人不一样，他们不是不承认礼教，反而是一定要竖立起一个大道统在那里。

这一批人物，不论康有为或章太炎，都不能用今日“知识分子”来解释。他们不像西方的知识分子，是从知识批判世界的人物。他们是中国社会过去的精英，儒家的最后一代人物。这些人在明朝的时候，可以拎着脑袋跟锦衣卫玩性命，可以拎着脑袋呵佛骂祖，可以拎着脑袋骂皇帝。这一批精英，有个道统在后面支撑，道统是他们的精神所在——希望你能够抓住这一点。

章太炎与康有为的认同

我们常说“卡里斯玛”(charisma),韦伯的卡里斯玛是什么?卡里斯玛是具有特殊禀赋的人物。这样的人，往往在某一个关口上，以个人的生命去认同一个历史的、文化的生命。比如说，艾瑞克森所讲的马丁·路德（Martin Luther，1483—1546）和甘地（Mohandas Karamchand Gandhi，1869—1948）两人，就有着强烈的使命感，要将自己的精神与他的文化生命结合在一起。我刚讲的“圣者”，对道统的承担，就是这个想法，而且必须要放在救亡的紧迫局面下才能理解。那时，不仅国要亡，更重要的是“道”要亡。在那个民族主义弥漫世界的时候，章太炎要把文化主义转化为民族主义，才会主张用黄帝纪元来替代公元，要用中国的一套，不用别的。今天大家常讲的“炎黄子孙”四个字，就是文化主义转化成民族主义的例子。其实，“炎黄子孙”这个观念极为错误，读考古学的人就晓得这是件完全谬误的事，中华民族是一个复杂的群体，构成这复杂群体的是文化主流，不是血统。以后有机会的话，我可以报告一下我在考古上的所见，包括文化聚合的方式等。

所以，章太炎与康有为都拿自己去认同一个时代。康有为的认同是：我就是圣者，跟孔子的做法一样；我立了一个新的圣教，这圣教上接孔子。章太炎的认同则是：我承接圣教，一脉相传，但最重要的一条线在我的手上，让我可以做中华文化的代言人，使我可以界定中国，把中华帝国的“帝”

转变成民国。在章太炎手上，这一条线经过几个转折，先把道统转化成文化，再把文化转化成种族，种族再转化成国家。

老实讲，这都是民族主义本身要寻找认同。因为19、20世纪之际，传入中国最强大的潮流就是救亡课题下的民族主义。近代以前，中国没有国旗，没有国歌，没有国号。“大清”不是国号，是朝代的名称；大清龙旗不是国旗，是皇家的仪仗。中国没有边界，有的是不同层次的边缘认同，地理上的边缘、经济上的边缘……在这种情况下，传入中国的民族主义转化成反满，等到反满成功以后，再把反满转化成中华民族的建构。这个工作相当艰巨，当时一小堆不超过两三百的知识分子精英，居然能做到这个地步，并且直到今天我们还被罩在他们的大如来手掌之下，真是一件相当令人惊奇的事情。

日本的情形也差不多，明治维新也是不到一两百人做出了偌大的事业。我建议你试着从这个方向做思考。你的报告，我相当喜欢，有很多可以再发展的余地，但要理清楚你的想法。刚才我讲的只是大的线索，先说说我的意见，大家再一起讨论。

两种亚洲主义

接下来谈萧同学报告的题目。我们要理解，最早期的亚洲主义和近代的亚洲主义是不一样的。此外，你报告中提出的产业问题，非常有道理。

竹内好（1910—1977）的“亚洲主义”，是战后提出来的，反映的是日本有良心的知识分子——不是军人——经过二战之痛，亲眼目睹战场上日本军人的残暴，良心不安，重新思考后才把亚洲主义又端出来。实际上，亚洲主义已经消失很长一段时间了。大东亚共荣圈不是亚洲主义，是亚洲的势力圈。

日本跟中国之间，是一种“又爱又恨”的关系。日本绝对承认它跟中国的渊源，但始终不甘心做老二。日本的不甘心、不服气，不是始于清末，也不始于明朝，而是从唐朝就开始。日本一直有神武天皇子孙统治是神之国的想法。为什么日本人会对神之国概念有如此强烈的反应呢？因为日本的每一次转变，都快速成功，唐朝时的成功就是个例子。更早之前，日本考古上的弥生时代，水稻的种植、天皇制度的确立、国家的出现，使当时的日本自认获得很大的成功。和日本海对岸的朝鲜半岛、东亚的东北边，甚至和包括日本国内当时所谓的“虾夷”相比，日本自认是很大的骄傲。因而，肯定神之国、神国的象征，便在日本人心里根深蒂固。

唐朝时，日本有遣唐使到中国学习，遣唐使回去甚得尊敬，但日本始终自认为是东北亚的霸权，不甘心像新罗、百济等作为中国的部属。所以，日本使节到中国来时不愿意跟高丽使节同一等级，并且屡次在要求中国给它封号时，同时把朝鲜跟东北亚加到日本的范围之内。有一个故事，下围棋的人都知道：唐宣宗（810—859，847—859年在位）时，日本围棋界第一高手来到中国，宣宗派中国的第一高手顾师言

《从19世纪末至20世纪初的亚洲主义看东亚民族主义发展之畸变与困境》摘要

萧明礼

19世纪中叶以来，东亚历史围绕中国衰微与日本崛起而演进。在传统秩序崩溃之时，固然有源自近代西方历史经验的民族主义所衍生的中日二国对立情结；另一方面，传统东亚世界的天下秩序观，仍隐然主导中日争夺东亚领导者过程中的思想要素。随清帝国入主中原，江户时代的日本学者逐步发扬“诸侯用夷礼则夷之，进于中国则中国之”的“华夷变态”思想，以肯定自身的文化价值与主体意识。幕末明治之交，为对抗西方势力入侵，及争取主导“天下”的地位，自1880年代起，日本开始出现强调中日唇齿相依、互助亲善的亚洲主义。相对的，晚清中国的知识分子，除继承清初儒者以夷夏观反对异族统治的论点，加上西方民族主义思潮传入，便成为中国在面临一连串外力入侵的焦虑感下塑造并凝聚成单一共同体的理论依据。在此背景下，自甲午战争以来积极向中国大陆扩张势力的日本，成为中国人塑造对立的他者意识的首要目标。同时，日本的亚洲主义论也随日本对外扩张的深化而转化、变质为其帝国主义的理论工具，更加深中日两国的对立与冲突。要之，如何超越这百余年来历史、思想上的对立，及国族国家的藩篱与限制，是我们东亚居民所应共同考虑的课题。

跟他下围棋。顾师言很惊险地打败了日本国手，却自称是中国的第三高手。日本第一国手大败之后，要见中国第一高手，顾师言说只有赢了第三、第二之后才能见到第一高手。日本棋手感叹说：我小国之第一不如大国之第三。但，日本人心里是不服气的。到了明朝，丰臣秀吉（1537—1598）甚至如此表达他统御的野心：天皇迁到北京，他自己住在宁波，他弟弟摆在京都。为什么是宁波？因为洋流的关系，宁波是海路来往日本最方便的地方。

亚洲圈的文化认同

日本自称为“小中华”。“中华”这两个字，不代表中国，代表的是亚洲文化的总体性。日本自认为中华，其实是亚洲圈里的文化认同。假如孔子挂帅、孟子为将去打日本，日本人怎么办？他们会说：我们用儒家的义理打回去。这种概念在亚洲圈里常常出现，而且不只一两处：越南自称为“大南国”，是中华；朝鲜也经常自称为“东方的中华”、“小中华”。所以，这个东亚意识或亚洲意识，实际上是儒家意识之下的共同想法。儒家没国界，可与之比拟的，是欧洲历史上的公教秩序。欧洲的这个“教”，是属于神的，超越国家、民族；东亚的“教”不属于神，有的反而是“道”的观念。这个秩序是“道”，朝鲜、日本都有“道”字，朝鲜有商道，日本有神道、武士道。“道”就是一般原则（general principle），是东亚式的思想、东亚式的生活。举个最简单的例子，用筷子是东亚式的，用手抓是印度式，这条界线在马来西亚半岛很清楚。

回到刚刚讲的民族意识。中国与日本民族主义的问题类似，就是如何由文化转化成民族，这是个大的转化关口。中国、日本的民族意识，都是在西方侵略时形成的，但日本快速转变成功，究其原因：日本像一艘千吨小船，好转舵；中国像万吨大船，难转身。再者，日本的精英非常集中，是依附在统治结构里很少数的一群人，没有在民间扎根。日本民间虽有另外一群精英——武士，但武士不谈思想。到了德川幕府后期，武士变成了官僚，但仍依托于几个大藩。相对而言，中国的儒生都是精英，很庞大的一群，尤其中国的儒生还套上科举制度，而日本没有科举制度。再由识字率来看，明治前夕的日本跟同时期的中国比较，相差很远。基于这些原因，日本要转变很容易，很快就把亚洲意识摆脱掉了；中国人多口杂，有多样的声音，转变很难，但一二百人也造成了一个很大的浪潮。

日本在转变过程中，亚洲主义在日本精英的思想里很快变成脱亚论。福泽谕吉（1835—1901）的“脱亚论”，是把亚洲丢掉的意思。脱亚论以后，原本同文同种的亚洲主义思想变成了亚洲势力圈。在这个亚洲势力圈里，先是把日本跟中国对比，日俄战争（1904—1905）以后又变成现代跟落后对比。在现代与落后的对比里，日本的使命感是要以日本为首，亚洲各国为从，建立一个大的帝国，但不是中国式的亚洲帝国。因此，在每次中日谈判上，都看得见日本人趾高气扬、穷凶极恶，民间的来往也是如此。

抗日战争与民族主义

萧同学，你说“莫名其妙的仇日”，其实不能讲“莫名其妙”，因为有深刻的感受在其中。我在抗战期间长大，知道它确实是一种深刻的感受。我父亲十二岁在甲午大败之后进入江南水师学堂，他一辈子的工作都跟海洋有关，先是海军，后是海关。不管是在海军还是海关，他都要和日本人打交道。当年，他在厦门、荆州做海关监督时，日本要深入内地与英国的势力对抗，他碰到的很多日本对手都比洋人更残忍、更难处理。当时的“日清洋行”，真是欺压老百姓，在街上朝中国人吐口水，甩中国人耳光，踢中国人。我自己就亲眼看见日本人在街上开骂，踢翻人力车夫，警察也不敢抓。抗战八年，几乎亡国。中国的民族主义，是由此而来的。

台湾本地的同胞，跟我的记忆不一样，年轻的一代更是没有经历过我亲眼所见的战争。二战时，中国打了八年，中国人的血流干了，泪流尽了，一穷二白三净四光。我们永远在饥饿的边缘上，受的痛苦，你们这一代不了解。我们这一代的人，长得都比你们矮，因为日本占领了供给食粮的鱼米之乡，大家成长时吃不饱，营养不良。举个例子，战争结束，我弟弟回南京，一下船看见那么好的白米，我表哥跟我弟弟两个人共吃了十五碗饭，八年的饥饿要一次补回来。再说，我亲眼目睹重庆被荡平三次，出防空洞一眼望去，重庆的万县全部被烧光、炸光了。还有一次，我们难民走在公路上，日本飞机俯冲下来扫射。飞机来时，大家就往麦田里头钻，日本飞机就横过来飞，把我们从麦田里赶出来，玩弄我们！那时候的飞机是小翅膀的，没有机罩，战斗员带着一个目镜，脸上表情都看得见。飞机飞过，机关枪在前面扫，尸横遍野，战斗员却在笑。我亲眼看见他笑！这算不算“莫名其妙”的仇视呢？应该是“有名其妙”吧！

各位在台湾，是太平时代长大的，几十年来没有经历真正的战争，不知战争之苦。八年全面抗战，中国承受的是：在城门边上要向日本军人鞠躬，叫你跪下就跪下；三五个日本兵到中国村落里找姑娘；日本兵想起家乡的孩子，给中国小孩糖吃，小孩拿来吃完后要磕头叫爸爸。请问，小孩父母当下是什么感受？而日本人拍下照片，回去说日本军人对中国人多友好、多亲善。所以，中国跟日本的仇恨，不是意识形态，是经验。中国的民族主义是这样来的。同一个战争，台湾的同胞处在另外一面，像许多台湾兵被日本皇军派去菲律宾，杀菲律宾人时不觉得如何难过，但倒过来说，菲律宾人又该怎么想呢？为什么中国人、韩国人、马来人、新加坡人、越南人，都对日本人祭神社那么气愤？这是有原因的，不是凭空捏造的。我到了五十岁，才能从中反省、解脱出来，才能不太激动、不太痛苦地去回忆这些事，因为我认为：世上无义战，任何战争都是不义的，任何口号都不应该以老百姓生命为代价，更不能以对方老百姓的生命为代价。

亚洲主义的重新检讨

由此看来，竹内好这批人的反省是了不起的，只不过竹内好这批人在日本是绝对少数。我非常同意你的结论，亚洲主义应重新检讨，把过去摆在一边，但“轻易”地把过去摆在一边，则要等我这一代的人死光。我到五十岁才能解脱出来，又有多少人没有经过类似我的这种反省而解脱出来？李登辉先生的心理误区，就是他忘了从别人的角度想，一直只从他自己是皇民和所受的日本教育出发，这样子海峡两岸的交往，永远不能和平。

还有一件事值得讨论。日本一直认为建国的经过比别人成功，但事实上不是日本能力高强，而是因为占了别人的资源。像日本在甲午以后，建设重工业、建立军队的力量，都和早期中国的赔款及日本占有东北、台湾的资源有关。台湾的农产品，释放了日本农夫的劳动力，使农夫得以进入工厂。日本一直不提这一点，只把它当作日本优秀的再次证明。

朝鲜战争（1950—1953）以后，日本快速兴起，七十到八十年代一时有“Japan No.1”的口号。日本又认为这重新证明了日本的优秀，实则这次日本兴起，是因为美国把朝鲜战争的资源和基地摆在日本，美国的国防经费都投到日本去了。我在美国有位老朋友，年纪跟我差不多，是位工程师。他二十多岁时到二战后的日本工厂教日本人更新设备，做收音机。他那一批人数很多，都去了日本。这些都是使日本迅速复兴的力量，而日本绝口不提，只会以此来重新证明神国的优秀、神民族的优秀。实则，日本今天的地位，和英国在欧洲地位一样，英国是美国在欧盟底下的基地，日本是美国在亚洲的基地。美国要继续独霸世界，就必须掌握英国和日本这两个基地，所以美国绝对会支援这两个国家。

日本从战后到现在这一代，已有相当大的转变。二十来岁的日本人，跟他们的父辈、祖辈很不一样，比美国人还要好逸恶劳，他们“去中心化”的态度强烈，却又没有拥有真正的、严肃的“去中心化”态度。真正、严肃的“去中心化”态度，是对过去认为理所当然的东西，来个大反省。日本仍有很严肃的文学家、艺术家、各行各业的人，但一般的年轻人却和美国最肤浅的一批人一样。我一位已过世的日本朋友吾妻洋，出身学术世家，祖父、父亲都是有深厚学术修养的学者。他的祖父，是跟美浓部达吉（1873—1948）一起在1920年代讲天皇机构论，说天皇不是神，天皇是国家机器。他的父亲本人是社会学家，也属于这一传统的人。他对于亚洲主义有反省，甚至超出亚洲主义，说日本要世界主义，不要以亚洲主义跟人家来对抗，这是非常高超的一个境界。现今的日本知识分子，像吾妻洋这样想的不多，大都是要重新肯定脱亚论以前的东亚，所以日本今天的学问还是分东亚学、西洋学两门，中国学摆在东亚学里面。

救亡与觉醒下的启蒙

你们两位同学报告的内容，是可以互通的，因为日本也是在救亡跟觉醒两个难关之下启蒙，其转变跟中国有类似处，也有不同处。前面我举了几个不同处，像是知识分子的数量、分类等。另外，日本没有章太炎这一类的人物，因为日本不像中国有一个足以自豪的传统可以回归，或者说，日本不像中国有一个从炎黄、周公以下很长很长的传统，作为反省的对象。中国紧抓传统、道统不放，有点像欧洲历史上的公教秩序。在欧洲启蒙时代，有没有对基督教重新思考呢？有，像耶稣会（Society of Jesus）等。当然，最大的重新思考是新教大革命，而新教大革命有程度上的差别：路德会（Lutheranism）基本上还是肯定公教；英国的公教，仍是公教的一个影子而已；到了后来，才有完全颠覆公教的加尔文教派（Calvinism）。所以很长的时间里，公教秩序一直在那里。伊斯兰世界不一样，它宗教的主控性太强了。

为什么有许多人少年革命，老年时却保守，紧抓着中国道统不放？老年变保守，是因为他们愈来愈觉得少年革命那一段很浅薄。而他们脑子里之前受的教育刻痕太深，后来的刻痕浅，前面的刻痕深，最后就趋向保守。康有为、梁启超、章太炎，一直到五四的胡适，再往下到傅孟真（1896—1950）、殷海光（1919—1969），他们这些人对西学的理解，跟你们各位相比，差太远了。在他们身上，中国圣人的传统太鲜明，传统学问的刻痕又大又深，到最后老学问就跑出来了。章太炎、康有为等人，得到的西方文明的资料极为微薄。章太炎的西学知识，有的是从日本捡来的二手资料，有的是来自租界上出版的二手资料的书。说句不恭敬的话，胡适之先生搞的五四运动，号称要西学、要全盘西化，但五四健将们对西方的理解实是非常浅薄。傅校长孟真先生，是我非常佩服的人，他的科学主义也非常强烈。傅先生天纵聪明，从德国游学到英国、美国，看见很多西方的东西，但没有认真读任何学科。至于殷海光先生，我很佩服他的勇气和骨气，但对于他的学问，我有所保留，也写过评论。我们私交很好，他被软禁在泰顺街的时候，我每个礼拜看他一次，门口那个卖馄饨汤的就是监看他的人，最后也认得我。胡适一辈子搞西方思潮、科学主义，一辈子没读通过基督教，没读通过西方哲学。他一辈子主张自由，但没有理解 liberty 跟 freedom 的差别，freedom 是 free from 什么？他没理解 free 后面的东西，把自由当作随心所欲来看，成了庄子的自由。胡适之先生对我实在不错，我出去留学的奖学金是他替我弄的。对一个没有很深渊源的年轻人，他肯花这么大的力气，我很感激他，可是感激归感激，历史归历史。

反观日本，日本的“兰学”是了解西方的窗口，但他们对近代西方知识的理解，却是借重魏源（1794—1857）的

《海国图志》，最初得到西方文明的资料也很微薄。但紧接着，日本就又从“兰学”接上轨道了，而中国从没有如此过。

你的报告，讲到余英时和陈寅恪先生（1890—1969）。陈寅恪是史语所的历史组老组长，我进史语所第一组的聘书上，就有陈寅恪先生的名字。余英时考证陈寅恪的诗，是探讨他的心情，不是分析陈寅恪的学问。陈寅恪真正的考证学问，了不起的那几篇历史著作，研究中古大学问的蛛丝马迹，都不在他的诗中。拿陈寅恪跟傅孟真先生的通信来看，也找不到多少材料，十封信中有八封信是向傅先生要钱的——当时大家都穷得发昏，没人敢跟傅先生要钱，他敢要！到了台湾，大家也还是穷得要死，傅先生曾为了救同仁之贫，写了五封信向教育部长杭立武要钱，最后为每位正教授要了五十元好过春节。总之，中国的这些私文件里的东西不多，没有办法像西方一样运用私文件来做研究。

以上，我把两位同学的两篇报告，合在一块，夹叙夹议地讨论。两位都有很好的宏观见解，而且都有自己的着眼处，我只是补充了一些想法而已。这堂课，我和你们讨论时，不会讨论考证的方法、文献，纯就观念来讨论。

第三讲

唐宋之变*

修课同学之课堂报告题目为：

一、宋代思想史研究的省思——关于理学形成与发展的历史考察

台大历史所博二

李长远

二、朱子认知方式探微——以《朱子语类》中有关静坐之记载为中心

台大历史所硕四

王丹儒

* 本文为2006年10月17日于台湾大学历史系授课内容。

做研究利用到文学是对的，可是文学背后一些更重要的材料也应该看看。再者，你思想史做得非常好，可是少了大框架。你在那一页对这堂课的期许中，谈到唐宋的转变，这个课题很重要，是中古史一个大理论基础，我就从这里谈起。

内藤理论与唐宋转变

上古、中古、近代这个三分法，现在对大家来说是“当然”，但中国本来没有这种三分法。中古的观念，是从欧洲中古史借来的，而把欧洲中古史套到中国史框架上是日本的做法。分期不用朝代而用三分法，源于日本学者内藤湖南（1866—1934）的理论，后又传到中国，成为中国历史断代的分期方法。

内藤的“近代”观念，是从欧洲史中古转入近代得到启示，进一步将中国史的近代回溯到宋代，认为宋代有近代性。由于宋代有近代性，造成今天我们讨论唐宋转变，认为唐到宋有一个从中古转变到近代的过程。也因此，产生了近代史、思想史上的重要课题：唐宋是延续，是改变，还是切断？同时，又从这个课题上延伸思考，有人注意到唐宋在宗教上的转变，地方社会跟国家社会的转变，精英本身身份的转变，

《宋代思想史研究的省思——关于理学形成与发展的历史考察》摘要

李长远

本文指出，宋代思想史的研究应将“新儒学”、宋学和理学（道学）诸概念区别清楚，理解其各有形成之背景与涵蕴之特殊概念。在探究理学兴起的思想因素时，虽不能忽视佛学对儒家在发展“内圣”之学的过程中所起关键性作用，亦当注意中国传统的另一支思想潮流——道教（家），可能有更多的思想因子直接被理学家所采纳。再者，唐宋之际的思想复杂性并不只在于寻求人间秩序的整顿而已，或许还存在一个改造新的世界观与身心秩序的暗流。这从北宋理学思想中，多有偏向道教炼丹学的特殊身心观念和思维方式的特质，即可窥知其消息。最后，若我们能走入宋人的生活与信仰之中，更清楚地知道他们的生活经验和区域性的信仰、风俗背景，也等于更接近他们创造思想的起点。因为新儒学的产生不可能只由经典的阅读中获得启发，其文化资源通常也来自个别的成长脉络。这意味着，回到北宋士群的生活经验和区域性的宗教信仰里头，不仅能够重新反省理学家在建构其思想时的立场和情境，也可以进一步推论他们可能采纳何种观念和信仰的资源，作为新思想的理论元素。

国家功能的转变等。内藤理论对于我们理解宋代的社会、文化、经济社会，都起了重大作用。问题的关键在“近代性”的本质。

欧洲历史上，中古和近代是切断的。欧洲的断代，是不是能搬到中国来用？我们不妨考察一下欧洲历史。欧洲历史分成三截，有它一定的逻辑：上古史是希腊、罗马，那是地中海文化本身的凝聚和发展；中古史最重要的项目是教廷的优势与垄断，宗教信仰代替了国家，而且这宗教是人间秩序（humanity order），是普世性（universalism）的，把本来的国家都抹掉；近代的欧洲，民族国家兴起，打开了宗教的垄断，回到世俗，也由普世性回到殊性主义（particularism）。欧洲从中古转变到近代，有很大一段过程，所以欧洲史切断来分期。

我们习惯拿欧洲中古史发生的现象，像民族大迁移造成古代帝国的崩溃，或第二个帝国——神圣罗马帝国的兴起等，来比附中国史。其实，神圣罗马帝国是虚假的帝国，但中国的大唐帝国可不是。唐朝夹在五胡乱华和五代两个乱局中间，它本身就是一段重大的改变。在这个重大改变里，有普世帝国（universal empire），但没有一个真正的普世秩序（universal order）。更重要的是，这个秩序本身是一个多民族权力结构的文化现象，它建立在文化上，不在信仰上。唐朝皇帝既是天子又是天可汗，再加上儒家，这个秩序跟欧洲教廷的垄断完全不一样。所以唐到五代这一段，既没有神圣（sacredness）

问题，也没有从神圣到世俗（profaneness）的问题。唐代帝国反而和汉代帝国有类似处，两者皆是天下大帝国，只不过大帝国后面，汉代帝国的皇帝背了一个祭祀长的身份。两晋南北朝的皇帝篡杀不断，很难令人有神圣的感觉。而且，汉代的宇宙论也已改变，于是，唐代帝国的皇帝不再神圣，也就不必背这一宗教责任了。

宋儒的神秘经验

中国的神圣，不在国家，也不在世俗，而是要回到儒家信仰或儒家思考上面。所以，宋代的回头，不是神圣的出现。宋代儒家思想重点，不具有神圣性格的转变，只是普世帝国国家本身的转变与解体。够得上有神圣性质的，是“道”。陈弱水先生对这一课题颇有贡献，他讲的柳宗元是不错的。这个“道”在宋代，有一点点像新教或马丁·路德的兴起，神圣的秩序不在国王，不在皇帝，而在人身上。儒家要和“道”连接在一起，所以理学本身不是像《宋儒学案》、《明儒学案》那样切开成两个儒家，又多多少少把神秘主义放在明儒，现实主义放在宋儒。照我的解释，反而是宋儒更有神秘的经验，靠每个人直接和天命的接触与体会，要从看得见的礼法和律法上找出“道”和“理”。这是儒家的孟学，不是荀学。

汉代儒家，基本是荀学，孟学是很吃亏的，所有西汉的礼书，都是以荀学为基础。一直到南朝，礼学仍旧是儒学的中心，律是配合礼的。换句话说，南北朝时，儒家的责任是要在人间建立“法”和“礼”。法是皇帝的，礼是天然的。礼出自四端之心，即恻隐之心、辞让之心、羞恶之心和是非之心，并从由此建立的个人经验中获得人间世界的秩序。这个秩序，要从家里的洒扫进退、家族的伦理中得到，也因此，国可亡，文化不可亡。这个从汉到唐初的显学，把王朝代表的神圣性搬开，回到人间个别经验的理性上来。和欧洲中古史上的神圣性相比，中国的情况正好倒了过来。

一般学历史的人，不太注意唐到五代之间有多少胡人进入中国。其实，唐代人口转换的幅度和胡人入华人数的众多，不比五胡乱华时代少。在唐代，西北大片羁縻州府的胡人被新兴的伊斯兰打败，胡人的统治阶层大批进入中国，其数量之大、时间之长和进入中国的深度，都出乎意料。因此，五代的动乱，跟五胡乱华的情形类似：胡人搅乱北方，大批南移的汉人在南方建立礼法社会，只不过这个礼法社会和南北朝以来建构的礼法社会相比，必须要打个折扣。胡化过程中，皇帝作为天与人的媒介这回事，也没有了。宋人在安史之乱以后，另以个人——不是族、群或社会，而是以个人——为主体，建构起通天达地的“道”与“理”。一直到今天，我们对中国神秘经验的看法仍受此影响。

如前所说，宋人神秘经验的根本，不在荀子，在孟子。孟子的神秘经验，一方面要把自己变成先圣先贤、载道之人，开启了五百年王者兴的说法；另一方面，他的浩然之气通天达地。宋人从孟子得到的神秘经验，再加上受到佛家、道家思想影响，认为个人就是山岳、天地，就是日星、宇宙，并总结在文天祥（1236—1283）的《正气歌》里。

佛教与道教的神秘主义

在唐代，佛家经过非常剧烈的内化过程（internalization），从结构主义（structuralism）、琐碎的学术传统，转变成内心的直观，把玄奘（602—664）那一套唯识论全打光，一方面开启了禅宗，另一方面开启了净土宗。禅宗要个人做顶天立地的人，可以呵佛骂祖；净土意即心里面的净土，这个净土可以兑现。我在西安，去看了一个很少人去的地点——兴教寺。大唐兴教寺里有三个塔，中间的塔是唐玄奘的，另外二个塔都是玄奘徒弟的，一是窥基（632—682），一是圆测（613—696）。我仔细看过这两座塔基石上的石刻，刻的是窥基的法相思想。法相宗暗示一阐提不能成佛，驴子要三十五世才能成佛。换言之，它是把阶级转换成脱离轮回的一个过程，有社会阶级性，很不公平，窥基的法相宗后来没有流传。唐末的禅宗则是把这个道理完全倒过来讲，主张一阐提可以成佛。从大唐兴教寺的法相宗，一直到唐末的禅宗，就时间而言不算太长，但内容差距却如此之大。胡适之先生搞了一辈子禅宗，似乎没注意这个问题。

唐代佛教这一套个人自主神秘经验的转变，在道教里也有相应的影响。道教是唐朝的国教，神气得很，靠着丹药、神仙等神秘经验糊弄皇帝。道教从李八百启示性的宗教，逐渐受到中亚、西亚的影响，转变成弥勒信仰，然后才有八仙这种平民百姓修道成功的散仙出现。散仙不在神廷之内，可以自己与天地共长久。

道教跟佛教的神秘主义（mysticism）两者结合，启示了宋儒走上神秘主义的路，要在人间建立一个理想社会。换句话说，礼法不能靠书本上的礼法，礼法要内圣外王，并且先要做到圣。这个圣，不是子张、子夏那个“圣”，而是通天达地的圣。有了这个圣，人才有使命感，才能外王，由我来做皇帝的事情，做治国、平天下的工作。齐家、治国、平天下，每一项工作都由我来做，宋儒的这个境界非常高。也因此，宋儒要先端正自己，才能经世济民。经世济民，要有使命感，范仲淹（989—1052）“先天下之忧而忧，后天下之乐而乐”，是最佳的例子，他要做的是整个天下之事。

在宋朝，再度重现了许多古代大臣担起天下重任的神话与传说。甚至道教的太极图，宋儒也拿来运用。太极图是把宇宙缩小成可见的一个图形，其启示在华严宗的帝释天（Sakra），也就是因陀罗王（Indra）。太极图里，一个黑一个白，或一个红一个白，里面是动态、流转的，在流转中互为消长，互为阴阳。邵康节（1011—1077）、周敦颐（1017—1073）运用此图，把大宇宙收缩成一个太极图，也就是说，我们身体里面的善和恶，在流转之中，既互相补充，又互相消长，但消长到最后是无善无恶。所以，宋儒修身的第一个功夫要静坐，要定下来找到自己，丢掉污浊之气，找回浩然之气、清明之气。当找回了清明之气，就是让自己回到宇宙，同时也把宇宙摆到人生里面去。此时，人生就是一个大宇宙、一个小宇宙合而为一。大、小宇宙，在动态的太极图里面，由我来立极，立个中极，做这个太极的中心。中极就是从顶门到脚心，做天地之间的支柱，人立了中极，才能碰到太极。

宋儒借用道教、佛教的东西，主要就是要建立中极，先整顿自己，己欲立才立人。他们要用神秘经验，做救世的事业；用超世间的手段，做入世的工作。他们慎独，独自一个人的时候，无愧于天地。到了南宋，陆象山（1139—1193）加强了超自然内圣这一部分，朱夫子（1130—1200）则加强外王这一部分。但外王必须要内圣，所以朱陆异同搞了半天，必定是同，不能异。

儒家的神秘主义，在董仲舒时出现过一次，但不小心搞出谶纬之学。谶纬之学就是找启示，找从天上掉下来的讯息，有点像今天台湾社会的看明牌。接下来，儒家要从礼法中规规矩矩做人，从里面修出一个很具体的东西来，没有神秘主义。礼法用看得见的具体行为，把神秘主义压了下去。

朱、王异同与文天祥的《正气歌》

神秘主义再次出现，是在宋代。宋儒要建立一个天地之间的理，但到了朱夫子时，却变成要用理来解释，而不是由理来体会。王阳明（1472—1528）拿理来体会道，朱夫子则拿理来解释一切；王阳明把理拿到里面来，朱夫子则是把理推到外面去。朱、王两人都是神秘主义，只不过朱夫子把理推到外面去这一点，跟康德（Immanuel Kant，1724—1804）比较接近。

由于朱夫子的理讲得那么透彻，神秘主义变成理性主义（rationalism）了。他靠建构成理的世界，来撑持神秘主义的精神，使神秘主义、理性主义两者统一。朱夫子先要求得到一个可以贯串天地的身份，但求得此身份必须要有天下般大的理，这理是宇宙的理、人生的理、内心的理。为了解释这些理，他把理变得井井有条，变成了伦理，变成了父慈子孝、兄友弟恭的“礼教”。这套礼教，在明清的科举里面又变成既有秩序的维护者，转成了外在结构。王阳明不同，他要回到当年唐宋之间转换过程中的神秘经验上，说解释之权在我的内心，所以他的后辈搞“狂禅”去了。

余英时先生强调宋儒在人间办事业的使命感。当时，中国被打散，最大的使命感是匡复大业，最大的争执也是“匡复”这两个字，余英时抓到了这个问题的核心。匡复，不单是恢复中国的世界，同时也是恢复中国的文化秩序。在宋儒看来，夷狄是犬羊之辈，文化的优越感使他们不把夷狄当人看。余英时着重在南宋儒家的历史世界，而杨儒宾则着重在宋儒的哲学世界。余英时指出这些人的共同使命感，就是把宋朝恢复到一个讲理的世界、清明的世界。

刚才我讲的这一切，最后归根结底在文天祥的《正气歌》里，“天地有正气，杂然赋流形，下则为河岳，上则为日星”。《正气歌》这头一段，是神秘主义；接续的每一个历史人物，则是理性主义。有了浩然正气，可以抵抗一切，可以与生死搏斗，可以端正世界。文天祥中状元的时候，为什么王应麟（1223—1296）等上一辈人物会这么高兴？因为文天祥是总结当代思想的人。文天祥忠肝义胆，不是忠于皇帝，他以身殉道，不是殉中国。他捍卫的是中国的道，所以明知只有三千乡兵，他打到底。他能有如此作为，靠的不是学问、经验，靠的是直接感受。宋儒要把普世帝国皇帝手中的权力，拿到自己手上，所以每一个宋儒都好事功，而好事功最大的弊病就是自以为是，最后就搞党派。从北宋的学派之争，到南宋的政党之争，宋代党争多得很。

唐宋转变与西方中古、近代的转变

回到开头讲的唐宋转变。中国的唐宋转变，跟西方中古、近代的转变，完全不一样。唐宋之间没有切断，很多思想是在唐代萌芽，发展了很大一截，到了宋代结合起来。唐代的世家大族、阶级观念，到晚唐非破坏不可，李卫公（571—649）再怎么保卫也保卫不下来。许多读书人要冒出头，要靠个人的技能、关系成为军阀的参谋。为什么韩愈（768—

824）、李翱（774—836）会出来？因为在这种气氛下，他们看见读书人都变了，已不像读儒家书的人，他们要找不跟皇帝合作的真正儒家。怎么做？从心里培养一股通天达地之气。

再如，宋代城镇化、商业化的根源，都在唐的晚期。其原因在于，汉代建立的天下帝国被五胡乱华、汉人南迁打乱，唐代初期只恢复了一点点；等到安史之乱后，北方、南方人口终于都换掉了——北方是大批胡人进来，南方则有大批汉人南下。在这两批人口动荡迁移之中，原有的街坊、里邻都被破坏，为了交换有无，村落变成市集，市集变成城镇。唐代本来的社会结构，有府兵，有均田，可以结合为城市，但后来都没了。像沙陀本来是大唐的一个羁縻州府，战败投奔大唐。沙陀人搬到山西时，马队冲过来就占据了，才不管你府兵不府兵，均田不均田。京戏《珠帘寨》中，讲的就是沙陀王李克用（856—908）的事迹。李克用可以在洛阳五凤楼上打人，那是因为从山西到洛阳没几步路。另外，《武家坡》说“薛平贵一马离了西凉界”，到王宝钏那里。西凉国其实不远，就在家门口——山西。后世读书人糊里糊涂，以为西凉国远在甘肃、新疆，没这回事。

北方天下被冲乱掉，那南方呢？张巡（709—757）、许远（709—757）守睢阳，保障了东南。没错，胡人冲不下来，但汉人南冲了！我的祖先就是南冲汉人中的一家，我家家谱讲得冠冕堂皇，说我的祖先是从河南固始县和三山国王这群人一起南下的。起先，迁移队伍中有家乡的自卫队，队中有大将领六个，小将领十几个。所谓“将领”，其实不过是武装人群的头领，与盗匪差不了多少。走没多久，自卫队被秦宗权（?—889）的大队伍卷走了。我们许家就这么一路从固始跟着打到福建，把从汉朝时留住下来的当地原住民给冲散，然后安顿了下来。后来福州的第一个状元，就出自我许家，名叫许将（1039—1111）。许将死了以后，没埋在福建，葬回固始老家。我们许家先在长乐居住下来，后又分散到外面去，所以许姓在全中国人数不多，在福建比较多。许家的邻家，另有蔡家、王家、林家、沈家、李家，加起来共六大家族，后来都陆续有人由福建移民到台湾，因此现在台湾这六姓的人数也蛮多的。我以李克用和我自己的许家来做比喻，说明大唐的天下早被冲散，之后无法照原样重建，所以才会出现草市、城镇、街道，也出现了地方上不是世家的新豪族。

特别提醒大家，唐宋转换和欧洲中古至近代的转换，完全是两码事，由日本传来上古、中古、近代三分法，只是一个不小心，一直沿用至今。总的来说，如果你把中古跟近代观念丢掉，不讨论“近代性”，那么唐宋转换这个大课题将是个完全不同的故事。

中国的历史，是持续发展演变的历史，一直到明清、到民国。但是欧洲的演变不一样。欧洲理性的出现，是启蒙运动的结果，这跟朱夫子要把天下之理变得井井有条一样。另一方面，当初马丁 · 路德冲决教会，也是神秘主义。看《马丁 · 路德传》(*Young Man Luther: A Study in Psychoanalysis*

《朱子认知方式探微——以〈朱子语类〉中有关静坐之记载为中心》摘要

王丹儒

朱熹在《朱子语类》中曾提及为学的方法与次第。“为学”虽然看似为心灵对纯粹知识的追求，但在实践上，朱子却认为还需结合“静坐”的工夫。朱子这种“融合理性与经验”的为学方式，虽已有多位学者进行讨论，但大多探究的是朱子格物致知的工夫，鲜少论及朱子对“静坐”的看法。因此，本文即希望以《朱子语类》为本,分析朱子对“静坐”及“为学”关系的看法。

文章内容分为两节。首节探讨何以朱子认为“静坐”是为学重要的工夫之一，次节则论述宋儒与佛教静坐观的不同。就前者而论，静坐的功能在于澄静本心之余，发现内心的污秽处，进而看清自己的盲点，力求改正；就后者而论，尽管理学家与佛教禅宗静坐的用功方式看似相近，但两者的目的却截然不同：佛教竭力寻求对人世的解脱，理学家却积极入世，冀盼建构并安顿人间秩序。

and History）就知道，他老觉得后面有个魔鬼跟着他，甚至认为自己放屁也是魔鬼叫他放，所以放屁时要往后撒盐。马丁·路德有很多奇异的行为，像是祷告时灵魂就从头上跑出去，跟中国的元神出窍一样。艾瑞克森很有学问，写的《马丁·路德传》很好看，虽然有许多零零碎碎的小典故没写进去，但你们应该看看这本书。这种神秘经验转化成理性，不止一个案例，是常有的。

打坐的个人经验

最后，关于打坐，我说说个人的经验。我打坐，不是从佛教、道教来，也不是从儒家来，而是从医疗来。

当年，我在芝加哥做“研究病人”，共开了五次刀，在医院里白吃白住，读完博士竟省出五千块美金来。研究病人有个义务，就是要被人研究。我天生残废，一辈子没有跳、跑的经验，不懂得什么是跳与跑。有一个读医学的新西兰人，后来担任联合国驻印度的代表，想拿我做实验，要我想象跳和跑，同时量我的脑波，看我大脑对跑、跳的想法究竟如何。研究进行了老半天，总量不出什么结果，我说：“问题在我的脑筋一直活动，你叫我想跑和跳，我却想已经十一点半了，肚子饿了。”后来，我说我脑子一定要真空才行，我们中国有打坐的办法，我来试试。于是我打坐，其实是打“睡”，因为躺在床上四平八稳，脑筋很快就真空，睡着了。后来，我们两人不断琢磨新办法出来，先是用弹钢琴的节拍器，但我听一听就睡着了。又放音乐《圣母颂》(*Ave Maria*)，我脑子里跟着哼，哼到后来脑子里相当平静，脑波很平缓。再从这个基础上，变成我脑子想“天下太平”四个字，呼吸时，一呼是“天下”，一吸是“太平”，如此天下太平、天下太平的，脑波就慢慢平到近乎极平。这时，他在旁边暗示我跑，我就开始“跑”；暗示我跳，我就开始“跳”。因为我不会跑和跳，所以脑波的曲线乱七八糟的。无数的曲线，无数的实验，如此这般，他写成了博士论文。

后来，有位伍老先生教我打坐。我跟我太太一起去，他说一坐下去，气就会来。我太太坐了半个钟头，气也不来，不能入定。我呢？“天下太平”的一坐下去，就入定，气就来了。换句话说，这就是孟子说的去尽杂念。朱夫子叫你想慈想孝，慈、孝也是欲望，是不对的，去除杂念就行了。心定，定了之后静，静了之后安，什么杂念都能排掉。

现在我很会休息，我打坐五分钟，等于人家睡觉十分、二十分钟。累的时候，我一打坐，五分、十分钟就休息过来了。每天打坐半小时，对精神的安宁大有帮助。另外，我琢磨出一个道理，丹田呼吸，一呼一吸，使得内肠蠕动，下能排便，上能安静，对身体很有帮助。常常做，欲念就不多。这不是诉诸高论，而是非常形而下之的道理。今天时间差不多了，就谈到这里。

第四讲

考古与上古史研究*

修课同学之课程报告题目为：

一、晚商至周初岱海地区北方式青铜器的起源问题

台大历史所硕二

黄俊棋

二、二里冈下层时期豫西晋南商城遗址墓葬初探

台大历史所硕二

李修平

* 本文为2006年11月14日于台湾大学历史系授课内容。

先谈黄同学关于岱海地区考古学的问题。基本上你用的材料不错，根据大陆考古资料，提出一个相当清楚的综合介绍。我们晓得，大陆同仁在考古学方面做得非常细腻，但往往缺少宏观眼光。他们对每一个器物的地层学、器型学研究非常细致，分门别类，归纳出许多类型来，但有点而无面，类型与类型之间的关系往往就放下了。

大月牙弧形地区的文化特色

岱海是很广大的地区，应以更宏观的眼光来看它。四川大学的童恩正教授（1935—1997），提出一个很有眼光的说法。他把从燕山以北、内蒙古往西，经过岱海及黄河，转过陇山往南到藏边，一直延伸到云南、三江流域的这个大月牙弧形地区，当作一个大区域来看。

这个弧形地区有几个共同点：第一，蓄水量方面，或少或无。北边雨量少；南边三江流域那一带则因山势太陡，积不住雨。第二，温度方面，或低温或温差极大。北边高纬度是低温；南边虽处低纬度，但因地形的高度，使得寒暑、山顶山底温差极大。基于上面的理由，这个地区的可耕面积少，维生条件不足，人们单靠农耕没有办法生存，必须要靠牧业。

《晚商至周初岱海地区北方式青铜器的起源问题》摘要

黄俊棋

公元前15世纪左右，在现今中国长城带沿线，开始出现“北方式”青铜器。其种类、形制与中原常见的商文化式青铜器有显著的不同。对此现象，有两派不同的意见：一是本地起源说，一是欧亚草原起源说。前者基于岱海地区出土不同时期之主要陶容器，得以排列出连贯的发展序列立说，在气候变化时，本地人群改营牧业，同时受到商文化影响，而生产出“北方式”青铜器。另一派说法则认为气候变化所造成的强大推力，迫使本地农业人群南移，并吸引欧亚草原上的原生畜牧文化人群南下，带来他们自身的青铜文化。这些南迁的畜牧人群和部分受其控制的本地农业人群，构成了中国史籍中常见的北方游牧民族，与中原的商周“国家”产生各种冲突和交流，从而成为人口和资源汇聚的地区。

农耕是在当地种田，自己给自己找食物；牧业则是叫牛、羊吃草，叫“食物”去吃食物。因此，这个地区居民的经济生活方式，是农、牧兼有，但农耕的成分相对而言是少的。此区的牧业有两种，一种是北边的平面游牧，一种是南边的立体游牧。北边的平面游牧，面积大，所以要靠马；南边的立体游牧，是夏天在山顶，冬天在山脚的游牧，因为要就地爬上爬下，所以不需要马，需要狗。这种立体游牧，不只中国有，世界上很多地方都有，像瑞士、德国都是从山底到山顶牧羊。

大弧形地区的生活条件很艰苦，处于边缘线上，一有任何天灾，就会造成地理环境的很大改变。我计算过，北方草原因为年温度 1℃的改变，可以移动五十英里，也就是说多一个摄氏度，草原会靠北伸展出一条五十英里的带状区，少一个摄氏度则反之。大弧形地区的南方，虽没有这种大改变，但因为山高蓄不住水，雨量的大小也会影响人们的生活条件，如陡峭的地方无法居住，因而出现村寨的地方，通常是在半山腰的“马鞍”上。马鞍，就是两个山峰中间的小洼口。在整个区域里，马鞍地形有限得很，跟海上岛屿一样。全太平洋里有几个岛，数得出来，丛山群中有几个马鞍地形，也数得出来。要在这个地区考古，一定要找马鞍跟台地。

童恩正先生的这个大弧形观念非常重要，这个大弧形地区跟中国腹地的农业条件很不一样，形成两个环境区（environmental zone），各有各的需求，两者之间会有冲突是必然的。

此外，由于大弧形地区的生产资源不够，维生范围很大，不是从村寨步行若干里就可带回资源。大弧形地区的居民必须以掠夺或贸易的方式跟周围地区互通有无，就要依靠经中亚到达西亚的长远频繁交换路线。因资源、材料不够，只好持续不断地从外面进口，再加上交换路线很远，造成的结果是：一、中国的北方丝道、中间丝道与南方丝道的起点，都在这个大弧形地区内；二、许多西亚的器物，从石器到青铜器，经过交通线进来。所以在这个地区里，不管是在岱海、内蒙古的东边，甚至是在戈壁的南面地区，许多器物都有着相同的特征。比如，西亚晚期对牧业开始注意，在观察动物的生态关系之后，土胚、泥章上常出现猎食者与被猎食者两个野兽身体混合在一起的纹样。在中国，这个纹样也出现得很早，早在红山文化里就有。这些器物有相同特征的现象，在地层学、器型学上，只能说有外来因素，但没法确定这外来因素是在哪个时间从哪里来的。今天在陕北，可以看到很多不同种类的服饰：帽子，有戴帽子的、不戴帽子的、戴尖帽的、戴圆帽的；头发，有的人梳头、有的人不梳头；衣服有对襟、斜襟；裤子有短裤、长裤。这些现象，有很多是经由贸易传过来的，不是艺术上的模仿。所以学者做这个地区的研究，麻烦在于很难区分出哪些是贸易来的，哪些是当地演化来的。

农牧转接区的进退

陕北，从延安以北一直到榆林一带，今天被毛乌素沙漠覆盖着。在沙底下，当年这里曾有水草，应属农业区的北边，是片相当好的居住地区。近的算，有赫连勃勃（381—425）的统万城在此；远的说，秦汉时有三个郡在这个地区。在朱开沟，覆盖的沙底下，最近发现了十来个石板城。城的结构都相当类似，面积不大，盖在半山腰，下面有水源，显示它们是防卫型的城。这些石板城或向南，或向北，依山势而定，不知道是农民防御牧人，还是牧人防御农民。这些石板城还有个特点，和苏秉琦先生（1909—1997）指出红山后期英金河上一连串城堡的纬度一样，也和传统的长城线平行。换言之，这些城址和长城两种防卫工事，都位于转接区上（transition zone）。转接区因为气候的变化而有进退，有进退，农人、牧人之间就有冲突，有冲突就会有这些防御型的城。

我本来服务的匹兹堡大学，同事组了一个队伍，在赤峰附近工作了两年，目的是要看游牧文化究竟在什么时候、从哪里开始。过去我们认为，游牧文化是公元前一千年在伊犁河的河谷一带开始的，现在看来那已太晚，也许可以往前推一千年。换言之，这种转接区的出现，可能更早。农业的发展，远比过去想像的早，因此农业把转接区推到边缘的现象也应更早。农人迫使牧人必须反抗，必须要驯马，以争取更大的维生范围。在西亚，公元前两三千年，马就已为人驯服。马究竟何时到中国，到今天还没有办法判断。除了马以外，其他动物如野驴子，也曾经被驯服过，但没有很成功。驯马要成功，先是用它拉车，后来才当成坐骑，因为马拉车只要把它框在车上，骑马则比较麻烦。

总之，要处理岱海地区或是大弧形地区，就要考虑转接区。朱开沟正好说明了转接区的现象。其实，我在《西周史》早写过这些，当然那时还没有我现在讲的考古发掘。西周的祖先，因居住地区天然条件不好，沦落成半农半牧，等到环境改善，恢复农业，才聚集了大批群众，进一步往南走到周原。我常讲，先周不在周原，先周是一处一处移动的，周跟夏绝对有很深的关系。他们顺着河谷往上走，走到今天的朱开沟地区。朱开沟这一条移动带，往下移动的时候，周人是“戎狄之业”；往上移回去之后，周人又恢复成“后稷之业”。这些都是从转接区的移动上来看，不应看死它。

大陆考古学的局限

大陆的考古同仁，顶大的缺点就是每个人挖一个地区，干一辈子活，却看不见别的。他们的考古，分区、系、类型，安志敏先生（1924—2005）的划分，根本就是今天省区图、县区图，五千年的文化这么分是不对的。苏秉琦先生看出差别来，才分成六大区系，至于六大区系之间的伸缩进退等问题，将来有待大家努力。大家要晓得，我们要宏观地看，有人挖掘，有人解释。

我的老朋友张光直先生（1931—2001）最可惜的事就是跟着他们的说法跑。所以我从他《中国古代考古》（*The*

《二里冈下层时期豫西晋南商城遗址墓葬初探》

摘要

李修平

近年，随着大量商代城址的发现，以商城遗址作为讨论核心的研究成果非常丰富。学者纷纷利用各种资料与方法，讨论各个商城遗址的性质，以及不同城址间的相互关系。至于商城遗址与周边的墓葬遗迹，虽然已经完成一些初步的分析工作，但是对于不同商城间墓葬的比较性研究则较为缺乏。本文的写作目的，即是企图对这些商城遗址墓葬的葬俗，进行统整性的比较与分析。

由于二里冈时期的商城遗址较多，适合做比较性的研究，所以本文讨论的时段锁定以二里冈下层为主。研究的对象，则为分布在豫西晋南黄河流域的四座商城遗址，包括郑州、偃师、垣曲与东下冯。这四座商城，除了地处位置相对接近外，城址的规模有别，性质亦不尽相同。因此，比较这四座商城遗址的墓葬应当较有意义。除了研究这四座商城本身墓葬的葬俗外，笔者更期待透过对墓葬形式以及随葬品的分析，探索这四座商城间可能的相互关系与时代意义。

Archaeology of Ancient China）第二版开始，就建议他改变中原中心论，到第三版他才全改了。到了第四版他自己提出一套理论，相当接近苏先生的理论。光直是个很了不起的聪明人，问题是人在海外，受限于材料在别人手里。他是人类学“维生”理论的早期创作者之一，从阿拉斯加（Alaska）的考古学做起，没能做进一步的发展，非常非常可惜，不然他的成就不仅止于今天。

商代国家形态的演变

接下来，讨论李修平同学关于商都的报告。

我们应该注意的第一个问题，是大家常说“夏、商、周”三代。夏、商、周三代是个现象，但不要拿三代当成三个朝代看，应把它们当作三个不同的圈圈看。三者之间，是相互学习，而不是延续，很像当年的蒙古、契丹、中国三个圈圈一样。尤其要注意，周将夏当作国家，是周人以自己的国家共主形态投射于夏，使夏有一个类似朝代的形象。夏确实是有共主现象，但绝对不是个大共主，也绝对不是个统一的天下。从许多材料上看，夏禹的“会诸侯”，只是每个聚落群派三五个代表，大家开个会而已。说有两千个国，实则是两千个村落。所以，夏、商、周三代的政治组织，跟它们之间文化圈与文化圈的关系，是很不一样的。

现在从三代浓缩到商代问题。商代的国家形态，不用说后来的文献，只要在卜辞里就可以清清楚楚看到其演化过程。尤其后段到安阳殷墟那一时期一百五十年间演化之快速，非常惊人。从陈梦家先生（1911—1966）写的《殷墟卜辞综述》，就足够看出演化的轨迹与过程。商文化前期，文化体的意义远大于政治体的意义，因而不能非常肯定地把“首都”当作政治体上的“都”。商代不同阶段的“都”，有不同的功能。后来满洲人的建州卫，其演化发展跟商、周很像，只不过演化的时间还要更短。建州卫的都城至少迁移四次，到沈阳才略具规模。第五次的北京，是从大明手上夺来的，真正有了大国规模的都城。

商代从取得东方一小块地区的控制权开始，到承袭了二里头以下的诸夏，撑起了当时文化上的领导地位。在这里，我说“诸夏”，是因为不知道“夏”共有几代。约在公元前2500年到2000年间，中国有很奇怪的现象发生，那就是许多非常好的文明都垮掉了，只有中间那最不像样的一小块，因吸收了许多其他地区的文化撑了下来，反而占据了文化的领导地位。

“都”最重要的地方：作坊

商代演化过程，从一个比较坚固的政团开始。这个政团控制的范围不大，所谓“大邑商”，可能还是个移动的概念。邑是真正的首都，但首都周围各地区，有“诸子族”——许多子姓的族，它们没有自己的都、邑。

商代统治以族为基础，族的标志是旗子，一般人过日子也以族为单位。商代很多皇后都有自己的族，像妇好就有她自己的族。换句话说，商王连后妃都养不起。这种情形相当于蒙古成吉思汗的宫帐——斡儿朵，成吉思汗有四个斡儿朵，一个宫帐摆一个皇后。从蒙古的宫帐比较能够想象大邑商商王的分居皇后们，每个皇后居住在一个帐，就是一个族。

商代都城的规模不可能大，而且常常移动。在商代，牧的成分减少很多，但牛、羊还是很多，可能是从北边输入的。商人的农耕相当不错，但运输条件、管理条件都不好，无法“粮来就人”，只好“人去就粮”，常常迁移。要了解这种情形，才能知道为什么商代有四五个都。商代最后真正的都，可能是在今天的洹河北。洹北商城跟殷墟是两回事，洹北是阳都，殷墟是宗庙陵寝所在之阴都。洹北商城的规模不小，其真正内容至今还没有完全搞清楚。

所谓“都”，不要把它当作是宫殿、宗庙之所，或是贵族居住之所。“都”最重要的地方是作坊，因为作坊里有以铜、陶、石等质材所制成的礼器与日常用品等，这些是最需要保护的重要生活资源。最近发现二里头的作坊，范围很大。雍城是秦国的古都之一，最近也重新发掘，雍城规模大概是三公里乘三公里，在这不算小的范围里，作坊竟占四分之一。我曾去看过雍城做瓦当的作坊，一眼望去，上千片石头制的瓦当残模。把在当地找到的瓦当和模子核对，模子里有裂纹，瓦当上也有，还真对得上。顺便一提，秦国第一个首都是位于甘肃的秦亭，光从“亭”这个名字就晓得它没多大。当年，秦的始祖被派到那里牧马。秦国的首都，从秦亭一步步到雍、到泾阳、到栎阳，再到咸阳，如此一路下来，范围越来越大，规模也越来越像样。

所以，要找商都，一定要问找什么时代的都？它的规模如何？真的是国都，还是地方上大头头的统治司令部？这中间有很多问题还没办法确定。问题不能只从书上去想，要从地形上面下手。况且，怎么能认定商都只有这一个呢？所有国家的演化过程，都有若干个都，或因为它扩张，或因为它功能、组织改变，在不同阶段、不同条件下，会有不同功能的都。

历史很有趣，常有重复的时候，那是因为发展过程中，会有类似的条件、类似的需求。努尔哈赤（1559—1626）没存心要学谁，但清朝早期的演化过程和商、周很像。多尔衮（1612—1650）从来没想过要学周公，但他的作为却跟周公故事一模一样，太像了！

上古史的研究方法

你们两位做上古史，要能宏观地看变化过程。看它本身及天然条件，以及其他许多条件，是如何共同配合成一个功能结构（functional structure）。功能和结构是互通的，有结构才有功能，但功能有需求时又会去改变结构。千万记住：中国大得很，它不是固定的，是分的、变的。做古代史，不能把中国看成一盘棋，它有无数盘棋。无数盘棋之间，有变化，也有相同。相同，是传播学习；变化，是各自在小局面里一步步地转变。你们要掌握变，像朱开沟本身有一千年的变化；商代从先商开始算到终了，有七八百年的变化；周代，要看从哪里算起，假如从周原开始算到东周结束，也有一千年之久。掌握不到变，就没有办法做好研究。

中国的考古学界，非常努力，多少人一辈子就做那块墓，做出相当的成绩。平心而论，中国考古的新石器地层学、类型学，天下第一。我到考古地点时，一定会到库房去，库房通常是农舍里的一个小房间，或是租下来的一整个农舍。库房里，一堆堆烂片堆满地，有人在地坑里看，有人在地下看。我不能蹲在地上，他们会一箩筐一箩筐拿给我看。你们要晓得，单单看画的图是没感觉的，一定要拿手摸，摸了才有感觉。中国考古学者就这样挖了几十年，越挖越有感觉，做出了地层学跟类型学的惊人成果。但他们最大的问题是不会解释，最大的缺陷在于文献的使用。原因在于他们当年读书时，考古学不读古代史，也不读文献，所以后来用文献时，要么不用，要么用错。李学勤先生，一位了不起的人才，聪明绝顶，前一阵子提出了“走出疑古时代”的口号，可是童书业先生（1908—1968）老早就走出疑古时代了。

你们做古代史，绝对要双手抓：左手抓文献，右手抓考古，不能只抓一边。文献中的铭文和卜辞，一定要读，但不必死心眼的一个字一个字去抠。那工作让文字学家做，历史学研究者要掌握他们的研究成果，并且掌握要点即可，绝不能把它看成是一定不变的东西。要注意古代文献的内容，因为有部分是经过后人整理，整齐划一；有部分则是古代残留下来的。残留的东西，大多破破烂烂、缺漏不堪，大家要用拼陶片的功夫去拼，拼到后来要凭感觉。这“凭感觉”三字，考古学者懂，做古代文献的人也明白。文献读久了，你一看，就会觉得句子不对，慢慢再拼凑出来，会发现果然是不对。我想，读任何科目，多多少少都是凭感觉的事。

第五讲

荀学暨道教*

修课同学之课程报告题目为：

一、荀子学说中的“分”思想及若干相关问题试探

台大历史所硕三

徐乃义

二、试析汉中张鲁天师道政权之瓦解在道教史上的意义

台大历史所硕二

李龢书

* 本文为2006年11月21日于台湾大学历史系授课内容。

荀子的“明分”

接下来谈徐同学报告的题目（摘要从略），荀子学说中的“明分”思想。你写得很好。这明分的“分”，我借用英文的两个字来定义，即 status（身份）和 role（角色）。在社会学上，身份和角色是两个截然不同的概念，但中文的“分”兼含这两个意义。荀子在谈“分”的时候，指的正是这两个部分，他意图让身份转换成角色，想要区分但还未分清。

宋儒骂荀子，因为宋儒尊孟不尊荀。宋儒也骂汉儒，因为汉儒都是荀派，不是孟派。儒家一开始并不是孤立的，它周围有许多辩论对象。辩论对象的派别各有不同，有的是以地域而分，有的是以国家而分，山东半岛有山东半岛的派别，晋国有晋国的派别。孔子组织能力最强，组织出一个学派来，所以孔子变成大家的目标，跟他辩论或讥讽他的人多得是，如许行、楚狂人、唱“凤兮凤兮”的人，都不是简单人物！还有神龙见首不见尾的老子。老子不是只有一个，司马迁写的老子有好几个，胡适之先生却以为只有一个老子。

这么多派别相互辩论，为什么最后孔子的儒家能胜出？因为儒家满足了那个时代的需求。当时春秋各国纷争不断，不但国与国争，贵族与贵族也争。在重建秩序、重新洗牌的时候，对各国来说，最重要就是如何动员人和物的资源。用今天的话讲，就是“管理”。从春秋到战国，国君养你，就是希望你能告诉国君们怎么管理，所以孟子见梁惠王，王曰：“叟不远千里而来，亦将有利于吾国乎？”

儒家的名声,就是从“利”他国和教国君怎么管理得来的，但其中仍有不同的转化。孔子是从伦理学入手，将贵族的等级制（status）转化成普世的人，等于是在贵族身份上借尸还魂或是借尸重生。八仙中的李铁拐，因肉身被徒弟火化，游魂无所依归，只好附身到一个坦腹跛足的饿死者身上。孔子也一样，他从死的周礼中转出活的东西来，因而不能不注重礼，因为礼是他伦理学背后的规范。孟子逐渐走向形而上学(metaphysics)，谈论道和性去了。此外，也许是子张那一派传下来的荀子，则谨守管理这一条路，所以荀子又教出韩非子、李斯这些学生来。

荀子是孔子一门的正统管理派吗？也不是。荀子吸收当时商鞅、申不害的理论，也吸收了管子的富国之论，搞出古代管理理论的第一次大整合。韩非子在老师荀子的基础上，又做出管理理论第二次大整合。荀、韩两家的管理学理论基础，形成中国官僚制度的背景。

在此脉络上，荀子的“分”，非常要紧。物是分类的，人是分群的。如果垂直地去分，像金字塔，就是身份；如以功能分，就是角色。荀子把孔子讲的“圣”和“贤”，分开来界定:“圣”是天生的，是上天所赋予，是天命给你的位置；

《试析汉中张鲁天师道政权之瓦解在道教史上的意义》摘要

李龢书

近年华人史学界中，道教研究方兴未艾，但对于三国时期汉中张鲁天师道政权灭亡后至南北朝初期（约公元3—5世纪）的道教史研究仍寡，然而此间道教教团之发展却对日后隋唐道教影响至巨。本文经由重新审视汉中张鲁政权消亡这一历史事件，进而析论早期道教教团的发展关系，并比较各教团主要经典的思想主旨后，认为此一时期道教发展史并不仅是“自我清整”的过程，更是以“三洞四辅”的经典系统为统合基准的融合走向。而在这错综复杂的融合阶段，扮演主要角色的道教教团，便是汉中三张系的天师道教团。

“贤”是能力。所以君主是圣，是身份；群臣是贤，是角色。

今天，我们可以在众多战国文书里，看出先秦各家在辩论过程中一些夹缝里的东西。最近的《老子》甲本、乙本里，就看得到它受儒家影响的影子。《缁衣》这篇，可看到当年原始的儒家转换到《礼记》的样子。所以，不应用后世的家别来分，不要清清楚楚地区分诸子百家。要晓得，当时是个辩论与对话的时代，既然要反驳人家，无形之中就把人家的议题拿过来，每一家都采用别家的东西。其后的综合者，是董仲舒，他综合了先秦时期的思想。董仲舒绝对不是纯儒，而是最杂最杂的大杂儒，他那个“道论”不是纯儒家的，而是把变化之学、自然学说、道家阴阳五行都拿了进来。

道教的黄巾和鬼道

这里，我转到李同学关于道教的报告。道教问题非常麻烦，因为它的来源驳杂，这部分你讲得很清楚了。不说别的，东汉末年的黄巾跟鬼道是两码事，一在东方平原上，一在四川汉中。

汉中的鬼道，受当地巴人巫术信仰的影响。巴人是南方民族，而南方的巫术信仰本来就很深。他们居住汉中的时间很长，所以在汉中搜集的文物，有一大堆是属于巴人的。巴人的来源，学界一直有争议，有人认为巴人原居四川，而我认为巴人的基地在湖南，今天三峡口外的张家界，一直到贵州、广西，很大的一片。巴人有君而无国，一直没有国家，在蜀、楚的威胁之下，巴人没有亡掉，一直是个小社群。巴人对水、女性神仙的信仰非常深，传说中巴人的祖先廪君曾经被盐水女神绑架，关在洞里不放出来，因为盐水女神喜欢他。传说里面，有爱情、有叛变，有很多蛮有意思的内容。巴人这一信仰系统，到后来变成南方孙恩（?—402）、徐道覆（?—411）的天师道。天师道的三官，不是天、地、人，而是天官、地官、水官。当官兵攻打孙恩、徐道覆时，连妇女也上阵打仗，打仗前妇女先把自己孩子淹到水里说："你先回到水里去，我打完仗会找你。"这表示水是他们的归属。

出自青州（山东）的黄巾东方系统，和上述的南方系统不一样。青州教团与当时已经进入中国的原始佛教有很深的关系，也与从古代一直流传下来的东夷对山的信仰有关。后来道教里的泰山神君，一直在东方、中原，没有到南方。所以，早期道教分两条路，一南一东，一水一山，很不一样。

巫术信仰与神祠

比这两条路更早的中国巫术信仰，很庞大，至少能够追溯到新石器时代。例如红山文化中的巫师是领袖，在牛河梁遗址的大坟里，埋的不是战士，是巫师，他手边抓着的是乌龟，不是武器；良渚的巫师转换成战士，所以良渚的坟，一排男一排女，男的坟里有武器，也有法器（玉琮）。

山东的巫，一直到汉武帝（前 156—前 87，前 141—前 87 在位）的时代还有八神将，八神将里有蚩尤。蚩尤是被黄帝这个系统贬掉的，被后来的中原正统排挤成坏角色，但在山东，蚩尤保留到汉代。八神将，其名传到今天，至今台湾还有。楚国的女巫很多，信仰的是太阳神、天神，以及森林里的男女小神仙。楚国的女巫管爱情，齐国的女巫管宗祠。

汉武帝时，因李夫人死了要还魂，便把全中国各地的巫集合在宫中，搞私人的宗教。全国的巫集合在一起，互相学习，弄出一个大的巫传统。只不过这个巫传统，从来没有进入国家祀典。从《史记》、《汉书》封禅、祭祀这两部分，可知在汉朝，国家统一了各处的民间信仰，设立神祠，神祠里面的巫叫神官，由国家给俸禄，意思是国家把巫收编了。后来日本组织神道教，就是仿照汉朝的这一套做法。

有些神祠是国家祭祀中心，属官方系统。另一些地方上长期延续下来的神祠，像大树公、石头公之类的信仰祭祀中心，就是“社”。汉朝每一个地方都有社，它们多少算是被收编到神祠系统，官方承认，但官家没有派人在内，因此社里会自动配出一位类似今天乩童一样的巫师。王莽（前 45—23，8—23 年在位）以后，供奉城阳景王刘章的祠，就有巫师。铜马、赤眉等起事后，这位巫师还说过“要做就做天子，何必做贼”。这些地方上的巫师，后来便由黄巾运动串联在一起。

启示性宗教

跟着佛教进来的，不仅是佛教，还有中亚的启示性的宗教。启示包括两个成分：一是启示世界将会有转变、有劫难；一是启示会有救主，来救赎（salvation），也就是基督教的“救恩”。世界各地的启示性宗教，有不同的形态。在中国，它究竟是否跟五行轮替有关，我还没找出来。劫数和五行的轮替现象应是符合的，只不过五行是可知的，而劫难是惩罚性的。可知与惩罚有差别：可知是天的运气，你无法躲开；惩罚是道德性的，你做多少事，就惩罚你多少，惩罚过了头，就给你救恩。单单从中国的五行变化，金木水火土的朝代递换这个观念来看，从秦朝初年到王莽时代确实生效，后来就没人相信了。秦朝、汉朝时，大家一本正经讨论水运、火运、土运等，王莽也一本正经地认为自己是应运而生。

从王莽的现象来看，中国的转变是天运的转变，不是真正启示性宗教里惩罚善恶的转变。周人的天命观倒是有惩罚性，而王莽没有惩罚性的问题。所以，我认为西汉王莽接受的那一套，恐怕已经把西周的天命观忘掉了。“天命”名字还在，但它只是一个自然运行的天命，五行永远在转圈圈。王莽应运而生，只是个过渡，他不是来拯救世界的救主。等到汉末局势山穷水尽的时候，“苍天已死，黄天当立”，太平的新天地要来之时，那就不是一种过渡了，而是允诺（promise）。有允诺，才能够有救赎。

总之，讨论道教非常麻烦，因为因素太复杂，中间融合的痕迹又被后世道教的宗派弄得一塌糊涂，很难看出来。我刚刚讲的这几条线索，你去找找看，可能找出名堂来。

道教是宗教运动

大家要理解，道教永远是个宗派运动。宗派运动里，永远会有新派加入新的元素、新的解释，把之前原本就渺渺茫茫的祖先记录给清除掉。道家的宗派，此起彼伏，分分合合，从来没有持续很长久的。

道家曾三次被政府收编：一次是寇谦之（365—448）的时代，算是小收编；另外两次大收编是唐、宋两朝。其中，除了寇谦之那次提供了理论基础外，唐、宋两朝那两次都未能提供理论基础。不过，金元时代河北的那次整合，很了不起。那次整合，没有政府收编，是民间自己来做，真大道、全真教、玄教，宗派很多，再加上江西一带的宗派，它们之间互相影响，但互不统一。这次整合工作，儒家给了他们很多灵感：第一、道教在理论基础跟组织系统上，仿照儒家家族的伦理，标榜孝道，有了师门的传承，一直到明朝仍有所谓“张天师”。仿照儒家这一套，代替了汉末宗教教派仿照国家的模式。汉末的宗教，用洞天仿都城，用天兵天将模仿文武百官，皆是依照国家体制作为宗教虚构的天国。仿照国家模式这一套，一直存在于道家的巫术系统里，直到今天，台湾还有红头师公。第二、从儒家所谈的天、性，建构出道教自己的理论基础。基本上，是把朱、陆异同中“陆”的部分，也就是上追孟子的那部分，拿过来变成天、性跟道统一的东西，“气”的观念也杂在里面。

以上所说，是我模模糊糊的一套观念，自己觉得可以串得通，但我真要做，可能要再活二十年才做得出来。《道藏》里有些具体的材料，但假东西太多，我时间不多，偶尔钻进去摸两下。我提供的这些线索，大家可以去用，应该会有用。道教的题目很难做，不过慢慢做，还真有得做。今天讲到这里。

第六讲

情理与律法*

修课同学之课堂报告题目为：

一、清代法律文化与传统中国的“治理性”

台大历史所博一

陈志豪

二、朱子学中的情理与律法

台大历史所硕三

吴政霖

---

* 本文为2006年11月28日于台湾大学历史系授课内容。

今天谈法律问题。我们一直从瞿同祖先生（1910—2008）讨论法律的观念，也就是用近代法的观念，来讨论中国法。这有先天性的困难。

天理、人情和法律

汉朝萧何（前257—前193）订的律令《九章律》，实际上是刑法，没有法理学。直到董仲舒时，我们才看见“春秋断狱”，将法理学摆在儒家的经典上。春秋断狱，是假定有一个孔子界定的理想社会和人间秩序，用法律来维持这个理想社会、人间秩序。

在儒家经典的和谐社会里，人跟人的义务关系是相对的。今天讲法律之前人人平等，但传统中国法律，至少自汉开始，一直到唐律，法律之前人人“不”平等，法律是看一个人和另一个人之间的关系而定。所以，中国的法律，一开头讲的是“人情”，“天理”是宋明理学以后加上去的。

有天理，就必须先有一个常存的天、常存的理。接下来的讨论，就会是理跟人之间的关系怎么样？人们能不能接近理本身？假如天是至善、至美又至高无上，天执行、天所定的理，哪里还有人干预的空间？这些难题，一如基督教为什

《清代法律文化与传统中国的“治理性”》

摘要

陈志豪

传统中国的法律文化一直是个耐人寻味的问题，这主要是因为负责司法审理的官员，往往也兼具行政官员身份，如位于审判第一线的州县官员。由此来看，讨论中国法律文化，除须关注法规范的形成与影响之外，还可以更进一步探询法律的实践过程，是否也正是中国皇帝治理天下的缩影。如果我们借用福柯（Michel Foucault）所提出的“治理性”（governmentality）观点，审视传统中国的法律实践过程，那么可以追问的是，到底什么才是传统中国最有效且有秩序把事务处理好的方法。

么在上帝之外另有撒旦（Satan）一样。既有那么好的上帝，为什么拖一个撒旦进来？为什么在伊甸园（Eden）里，上帝没有预想到会有条蛇出现？基督教这些难题，转了几千年的弯，还是转不过来。

孟子的性善论，也是转了几千年转不过来的难题，但孟子容许“气”出现，气本身可善可恶。孟子讲气，说“平旦之气”清清爽爽，一天过下来就会污渍渍的。平旦时的人是好人，到晚上睡觉时，人就不是好人了。理是本，气是它的现象。外在环境可以把气慢慢弄坏，人欲就是这么来的。这一套，到了宋明理学，变成“去人欲，存天理”。人欲，怎么去？天理，从哪里存？所以才会有同学提到的《大学》之八条目、慎独功夫等，严格的规范、考察自己。

法律，要由官家来执行。官家赏善罚恶，矫正人们的偏差，以维持平衡、和谐的社会。赏善罚恶，固然在律里面、在人情里面，也在礼里面。所以，圣人要做的是先礼后刑，先存礼，不得已才用刑，这当然是孔子把封建体制和当时已存在的国家法律勉强做调和的结果。

从瞿同祖以下，研究者经常将已改成大陆法系的法律，和传统的法律做比较。这是两套完全不同的法律系统，做比较研究行不通。自 20 世纪初，沈家本（1840—1913）订了近代新的法律后，法律与人情始终无法调和。现行的大陆法系法律，跟中国的人情从来没协调过，也无法协调。人情，包括各地的风俗习惯，以及长期孕育在人心里的儒家信仰，这些一直都无法存在于新的法律中。近代以来，中国一直没有搞出法理学（jurisprudence），因为法理学不在中国，在西方。西方大陆法典的根本，是启蒙运动之后的《拿破仑法典》（*Code civil des Français*）。《拿破仑法典》不是为追求社会和谐，而是为保护人的权利，凡是踏过侵犯别人权利的那条界线，就要被惩罚。这些权利可能是公权力，可能是私权力，也可能是财产权、人身权等。沈家本当年引进的这套法律，和中国社会的现实很不搭配。整整一个世纪下来，政府一直在教导人民，但还是没看到效果，因为其背后是观念问题，是文化因素。这是今天中国法律的难题，也始终是法制史研究者想把两者联结在一起时碰到的最大难题。

律与例兼顾

问题症结在于：一个大的国家，为了维持实际运作，必先取得各地的和谐；各地不和谐，就达不到国家整体的和谐，因而造成律、例兼顾的结果。

中国的律和例，常常兼顾。有法论法，无法论例，无例就论人情！中国这么大的国家，各地的社会结构、人群关系、村落惯例都不一样。因为各地的家族结构不一样，若拿《仪礼》里的丧礼、丧服来决定亲疏的距离，是办不到的。中国地方大，“五里不同风，十里不同俗”，每个地方都有它自己长久存在的一套惯例和风俗习惯。譬如，财产权的观念，在人口拥挤的地方和人口稀少的地方就不一样，在新开拓的边区里，财产权也不一样。以台湾为例，汉人开拓番界，番人并没有得到同样的保护。就公平正义来说，那时台湾的法律偏袒开拓者的财产权，而被侵略的番人权利却没有受到法律保护。

例，是各地视现实需要而形成。南北的例，也有差距，因为从南北朝开始至辽宋对立的分隔，南方、北方在家族结构、风俗上有很大的差别。这一点，你提到的黄宗智，理解得比日本学者清楚。为了实际运作和现实需要，又不能没有一个普世的"理"在上面，只好说这个"理"是永存的、公道的。中国的"理"凌驾于相对的人际关系上，绝对的理和相对的人际关系之间，怎么配合？就由各地区、各人去判断了。

中国法律精神的几个转折

我的老朋友张伟仁，对中国法制史研究得相当不错。他研究明律、清律，没有往前追。实际上，中国法律从秦律、汉律开始，一直到清律，基本精神有几个大转折。唐律是从北朝的律接下来的，而北朝是征服王朝，人际之间并不完全用亲属界定，有主从、贵贱，因此唐律里人有尊卑，得到的权利完全不一样。主从、贵贱的大背景，是征服者与被征服者。宋律订的时候，还没有宋代理学。解释宋律最多的，不在元，而在明朝。明朝解释宋律时，就有很多理学渗进去了。清律从明律接过来，明律从唐朝的尊卑，变成另外一种财务关系上的尊卑——主和佃；清代接过来又转成主奴、尊卑，为的是建立一个隐含有征服者与被征服者差异的一套法律。所以清律跟唐律，有相当多的地方精神互通。

真的要讲中国的法理学，要从儒家上面思考，还要看时代背景、社会结构和权力关系。永远不要忘记，中国这么大的国家，南和北、中央和边陲很不一样。于是，一定要回到当地的例上面。地方上的例，本身也有其在时间上的演变。

例的执行者

地方上的例，掌握在谁的手中？一是胥吏，他可以查出当地的卷子，要某人生的时候，找一个例；要某人死的时候，找另外一个例。二是地方官，好的地方官不马上宣判，先要听当地的舆论，再反映到法律上。这就是中国古典小说里常有“微服私访”的原因。地方官听舆论，是为了维持实际运作。舆论是当地的公众道德观，可以存在例里面，并反映到律或不反映在律里。中国人为什么说“和为贵”，和解大于审判？因为在和解中，律和一般的民间风俗可以得到协调。

地方官在大堂中审官司，四门大开，让老百姓在外面听审。平民百姓虽无法进到大堂内，但站在庭院里听审官司时，一个人或许不敢讲话，一堆人就会吼叫、拍手，或是说：“老爷圣明！老爷圣明！”各种情况都有。这种情况反映出一个看不见的陪审团制度。现在问官司，为了不侵犯隐私权，为了更彻底了解案情，都不愿让隐私话行之于大众，被大家听见。英美法靠陪审团，就是靠例、靠风俗；欧洲法，靠上帝。英美法的例，是从社区规范和自然法来的。

地方官的观察，“如得其情，则哀矜而勿喜”！欧阳修（1007—1072）《泷冈阡表》记述他父亲为吏：“尝夜烛治官书，屡废而叹。吾问之，则曰：此死狱也，我求其生不得尔。”这就是哀矜而勿喜。很多人认为，找到案情，把案子破了，是大好的事情，但案子破了应该是哀矜的、是悲痛的。为什么有人要犯天之大不韪，做出这种事情？所以即使破了案，心里仍是难过的。欧阳修的《泷冈阡表》表达出他理想中真正的好法官就是他的父亲这样的。法律不是权威，是春风，所以要以人情为先，和为贵。法律惩罚人，是件令人难过的事情，总是要求其生而不得，在不得已情况下才求其死。

顺便讲一个小故事。2006 年 8 月时，我们家族有个聚会。我先研究了一下家谱及先人的传。我有一个祖先被派到山西做县太爷，刚到任就碰到一件谋杀案。案情是妻子亲手煮了一碗面，拿给她丈夫吃，中间没有人过手，结果丈夫吃完面当场中毒而死。所有的证据，都指向这位太太谋杀丈夫。我的祖先却说不能判，因为夫妻俩从来没吵过架，而且他鉴貌辨色，看到那妻子哀痛的样子，认为她是个好人，不是杀人犯。于是，县太爷决定深入调查这个案子，但毒面一碗，人又当场死掉，相关证词很一致，简直无从下手。后来，他亲自到现场，问："面、面碗放在哪里？""面是直接从锅里下到碗里？""放碗的在柜子里，有其他东西没有？""碗柜里剩饭剩菜倒掉没？"最后，他对那位妻子说，你再做碗菜摆在那里，熄掉灯火。就在天快黑的时候，一条小蛇从碗柜后面溜出来了，爬过那碗菜，再把那个碗拿来一看，碗口留有蛇的毒液，这个杀人案至此真相大白。此案后来被纳入山西该县的例，往后查问人命官司时，一定要审查四周的环境。从我祖先的这个故事，可看出某些地方官对案子的细微观察，和对案子真相的坚持。这一类的事多得很。

法理学出现于宋代

宋朝有部奇书，书名为《名公书判清明集》，非常有意思，值得看。书中提到一些有名的案子是怎么查出来的，又如何审判，写判例要用什么理由等。譬如，一对青年男女谈恋爱，在礼法之下不能结合，结果判他们可以结合，判阻挡他们结合的人不当。这些判例，都不是写给上司看的，而是给老百姓看的。

还有，宋慈（1183—1246）的《洗冤录》写得很好，是世界最早的法医专书，早于欧洲的法医学七八百年。书中有很多有道理的地方，但也有很多说不通的地方。说不通的地方，如：一，女人骨头是黑的，男人骨头是白的。这个不通，人又不是乌骨鸡。二，滴血认亲，这个也不通。血，在冷水里一定溶在一起；在热水里，一定溶不在一起。水温度超过某一点，血就不能溶。所以，在实际执行时，中间可要的花样很多。三，蒸骨蒸出伤痕来，完全可以；蒸出毒来，不一定，要看中毒中多深。我对《洗冤录》相当熟，因为我的一位外国老朋友曾翻译过此书，我帮他校正过许多错误。

《仪礼 · 丧服》，宋朝改过了。《仪礼 · 丧服》是先秦和秦汉时候有关丧服的规定，什么样的亲属服什么样的孝，有不同的等级。宋朝将其改成亲等制度，这亲等制度后来进入了现代中国的民法，也进入了韩国，没有进入日本。在韩国，一亲等就叫"一寸"，一个 inch。爸爸到儿子，是一寸；祖父到孙子，是两寸。我和堂兄弟之间的算法是：我到我爸爸一寸，到我祖父是两寸，祖父到我叔叔成为三寸，再到我堂兄弟是四寸。韩国是这样一寸、二寸、三寸……到九寸为止，比中国的五服定得还要清楚，但"寸"只在父系之内，不算母系。我说这个，是提示各位，宋律对唐律做了很大改革。大唐的律不一定是最好的，南宋的判例里，儒家精神渗透得非常深，法理学出来了，而清律又走了回头路。总之，你的题目很有意思，里面埋藏了许多好问题，可以去挖掘，理清其线索。

朱、王的理与心

再谈吴同学的报告。你求好心切，所以什么都要抓进来，

《朱子学中的情理与律法》

摘要

吴政霖

本文的研究动机,在于华人社会中,一般人民在强调“情、理、法”之际经常的不由自主态度，与华人对于政府法令制度的相对漠然态度二者之间摆荡，其内在为何？而行文主要问题则是：以心性论与工夫论所连接的朱子理学为轴线，诠释、分析朱子思想部的情、理、法观念之间，有否指涉、隐含一种规范概念，以致形式上“法（律）”的概念形式仅居次要的理解？

在本论部分，以成德之学为中心，先简单整理众认背景理论的理气论、天人论，以及当代视野下的心性论；接着，从圣人之道、学圣人、明明德、为学次第、成德工夫（以“涵养须用敬，进学在致知”与“克己复礼为仁”为主），整理其成德之学的样貌；随后分析心统性情与性情上工夫（中和）；最后，企图套入“道之以政”与“道之以德”之中。所以笔者以为，若情、理、法的“法”指王法/国法等行政部分，则在“明刑弼教”之下，情、理所呈现的无非是“教”的部分；而律令、刑法若非依附于此，而间接具合天理之基础，则是统治者治理人民的工具，以道德本位的立场而论，律令、刑法无法感发人心，在规范上只能居于次位。

因此有时反而分不清头绪了。今天，你想全部讲完，但时间不够，无法交代清楚。我觉得你这篇报告，碰到很大的困难，是把朱夫子的思想当作前后一贯。

其实，朱夫子就像你我一样，时时刻刻在改他的念头。朱夫子因为人家问他问题，和他抬杠，不论是敌对的还是友好的抬杠，朱夫子的观念在抬杠之后就随之更改。譬如说，朱夫子跟张栻（1133—1180）之间同多于异，但两人还是有差别，在岳麓书院朱、张会谈以后，朱夫子许多观念就有相当的改变。张南轩主张人对理的判断，是心；朱夫子的理放在先，心放在后。但到后来，朱夫子的心跟理、心跟性之间的关系始终纠缠不清。朱夫子关于理的解释，经常在换，因为他不得不换，不换就会讲不清楚。钱宾四先生在他的《朱子新学案》里加的按语，追踪朱夫子一生理论的转变，追踪得比较清楚。

“理”是一元还是二元?

“理”是一元还是二元?这是一大问题。朱夫子始终要解释成一元，但又始终不能不讲理的驳杂之气、心的犹疑。朱夫子希望有客观的理在，但他又讲天理跟人理，无法解释人理以外的天理存在。他讲沧海桑田，矮的地方曾经是海，天地一变，矮的地方到高处去了，所以在山顶上可以看见贝壳。他想用这个来解释客观的世界跟着理一样走。他的中心思想，是理的一元论。人跟天之间的沟通，人透过内省可以理解到天理。理学家一直走这条路，一直“去人欲、存天理”，进而活泼泼的理就会在心里跳出来。但他的困难在于只偶尔把人以外的世界引进来看看，大多数时候是不看的。

王阳明则归结于心，把心看成一元，干脆说这世界本来就是主观的世界，一切天地都存在于我心，我心为主体。理是致良知，是我心里看见的，只要搞好我的心，天地就自然清明。王阳明的一元论，反而比朱夫子的“一元搞两元”要简单得多：我们看一个荒山野地，山谷里有花有草，有鸟有鱼，鸟在天空飞翔，鱼在水里面跳跃，生机勃勃。如果山谷没人在，没人看见的话，就不会感觉有“生机”两个字，所以生机是人心里的。对王学言，没看见的东西可以存在，但与我无干，活泼的生机是我的印象。我理解的宇宙，是我的心来理解它。

今天的科学也一样，是以我心里的逻辑来理解它。这逻辑是一套由数学导出的道理，把已有的因素排列起来，发现摆不平，缺了一个角落或小数点点不下去，就另外找找有没有其他因素存在。物理学家丁肇中把能量和质量平衡来平衡去，有不见的东西，最后找出 J 粒子。J 粒子里还可以再找出新东西来，因为我心里的平衡永远摆不平，也就永远找不完。心里的平衡，是用数学来核对的，但数学本身也是我造出来的。天地间哪有一个东西叫“虚数”？哪有不合理数？不合理，怎么是个数呢？虚数、不合理数都“存在”。两个负一，可以解平方，这不合理，但合不合理由我心里界定。所以，今天的自然科学实际上还是以心为主，只是它经过核对，而核对的工具不外乎显微镜、哈伯天文望远镜等，以及用“理”造出来的数学。科学家的理和朱夫子的理，其不一样处，在于科学家顾及外在的世界，视外在的世界是一个合我这番理的世界。王阳明就干脆一句话，世界是我心观察看来的，我心感觉出来的。我心污浊，这世界就污浊；我心清明，世界就清明。

天理、人情、国法兼顾

一个好的法官是天理、人情、国法都顾到，坏的法官只讲国法，不讲天理、人情。因为只讲国法，不考虑天理、人情这两方面，所以阿扁和马英九同罪。不管他们两人把钱用到哪里去，都不合法，因为两人都已经先占有过了。我们今天的法律，跟中国的文化背景、社会的常理与人情是背离的。朱夫子和王阳明，在天理、人情、国法之间兜圈子，都兜不出来，因为各地风俗不一样，各地的例有很多不是儒家的东西。

举例讲，你到广西的侗人、壮人、苗人的寨子里，他们有一套自己的“理”，既不是儒家的法律，也不是西方的法律，你必须尊重他们的理！他们这一套理，是环保法（environmental law），毁损环境就是犯罪。这些少数民族的理（环保法），是从生活中体验出来的，因为环境平衡对他们来说是件大事。环境不平衡时，他们的生活、生命会直接受到影响。在我们的社会，直到今天环保法才出现在现代的法里面。总之，天理、人情、国法，要活一点看，各地有各地的天理，各地有各地的人情，各国也有各国的国法，不要在字眼里边直打转。

法律先存在，哲学后出现，所以法理学是后追上去的。法律是共同规定的规范，先有实际的十诫规范，才有摩西（Moses）的十诫，然后再有那些先知们解释十诫。犹太一位先知说：圣书（Torah）和十诫所讲的只有一件事，就是“心里不要存仇恨”，其他所有的圣书和十诫都是解释这一句话的注脚而已。这句话到后来，基督教翻过来说是“人间有爱”；在中国，等于是儒家讲的“己所不欲，勿施于人”。这三句话，基本上是互通的，那就是“爱”。“信、望、爱”，将信跟爱摆在一起，反而把这句话弄窄了。“不要心存仇恨”的宽容性，确实是很大，是“人情”中最大的一条，比“己所不欲，勿施于人”还要大。包宗和先生的办公室里有幅字，上句“海纳百川，有容乃大”，有容乃大就是心无仇恨；下句“壁立千仞，无欲则刚”，有了私欲就会侵犯前面的有容乃大。儒家搞了半天，一直存天理去人欲，但去人欲要去到哪个地步？要去到人情许可的地步。徽州满街都是贞节牌坊，那不是去人欲，而是造作，把礼法看得太死太严。

好，各位同学有什么问题？

提问与回答

问：老师刚刚谈到朱子跟王阳明。老师怎么看王阳明的“无善无恶心之体”？

许：所有的哲学学派，都有推敲到最后落到死胡同的毛病。每一家学问，都有许多不同的门派，每一门派都是以坚持老师讲的哪一句话作为出发点。老师的话，不一定都一致，王阳明、朱子、孔子皆然。《论语》那么薄薄一本，孔子回答弟子们问学、问政的话，句句不一样，仔细一推敲就发生矛盾。王学后来分成那么多门派，都有走偏的时候。

王阳明的“无善无恶”是指先天浑然，无在有之先，还是受了老子“无为有之先”思想的影响。无跟有，是对立的。有，就有了判断；有了“有跟无”，才会有分别。无之前还是无，所以佛家到了如来，就不可说。不可说，是无法确定它是有还是无，无可奈何时就说不出来了。因此，学问不能推敲到终极或起始（final course or first course），因为终极跟起始是一样的，就像转圆圈圈又转回去了。

在哲学上，终极或起始转在一起的时候，我是起头，也是终结，我是创造者，也是裁判者，这是神的话。当然，这神是人格化的道，或是神格化的道，意即这个起始的问题，不能问，因为人的智慧，到这个地步走不下去。什么叫无之无，或无之无之无？走不下去，再搞出个“空”来，空比无好吗？这种终极或起始性的问题，跟宇宙大爆炸一样。宇宙，广为之宇，时间演变为之宙，那宇宙外面是什么？宇宙又存在于什么之中？大爆炸前面是什么？这些都是问不下去的问题。如果说，一个比针尖还小的点是一切自然的开始，那么它又存在于何处？照王阳明的说法，是我在问这个问题，它存在我心里。心启动之时，是无善无恶，一启动就有善有恶了。

杨振宁常常讲，要是能写个干净利落三个字的等式，一定找得 something。我就跟杨振宁先生说：这个 something 的等式是人用数学“等”出来的。为什么黄金分割看起来好看呢？多加一寸就不好看，这没什么道理。美，就在于简单(simple)，而最简单莫过于无，那就是最美的。简单，就可以把所有归结到“无”(nothing)，这是哲学境界。杨振宁搞了那么多了不起的东西，最后还是要归到哲学的极简主义，还是要归到“无”。总之，分析一个哲学家的思想，要按照他自己的发展程序走，不要跳开他的发展程序，一跳开就乱了。

问：老师刚才说，朱子有一个限制，无法解释外在的理，王阳明干脆就说外在的理都是由我的心去证实的。可是，朱子不是有格物穷理吗？

许：王阳明坐在竹子前，格了三天三夜，格不出来。他看竹子，不知从哪里看起。要从生机上面看，就可以看懂一点点。朱夫子说，随时、随处都有理，所以看到高山上有蚌壳，也是一个理，认为这点说明了天地之变异。科学史家沈括（1029—1093）也看见这一点，但他不搞哲学，只观察、记录看见的东西。中国的《易经》，也是麻烦的事情。易者不易，它理的所在，就是变异。变异里又要讲变异的常规，说唯一不变异的就是变异。变异没有常规，因为无法穷尽它的变数，搞不出常规来，只能说极近于常规，不是真正常规。所以，格致，变又是固定，《易经》本身不易，也就是易。

吴主任：我可不可以问一个问题？大家都把子产铸刑鼎当作大事，可不可以请老师谈一谈在古代背景里，礼跟法之间的关系，以及后来的发展。

许：礼，不是仪式（ritual），也不是权利（right），而是道德规范（standards）。礼不下庶人，这个礼是贵族自己的礼。贵族社会承认每一个贵族成员都是人，但庶人不算人。孔夫子的企图，是把贵族的身份法延展到所有的人，使之普世化。这么一来，就需要另外一套法来管老百姓。简单的办法，是像英国的《双城记》（*A Tale of Two Cities*）里所描述的，法国贵族车子轧过老百姓，轧死就算了；或是日本的武士，用百姓试刀，砍了头算白砍。礼是贵族的，法也是贵族的，但孔子不能这样说，他只好讲仁，回到人的本性上去，说大家都是人，所以人人都应被尊重。

汉高祖入关，与父老约法三章。注意，这句话正确的标点是“与父老约，法三章”。法三章为：杀人者死、伤人及盗抵罪，是财产法、人身法、权利法。杀人者死，侵犯人的存在；伤人及盗是侵犯人的身体及财产。刑鼎本身是很简单的财产法、权利法。刑鼎上的法怎么运作，我们并不清楚，远比不上《汉谟拉比法典》(*Law Code of Hammurabi*) 清楚。汉摩拉比法条也是财产法，订得非常明白清楚：偷了驴子，按驴子当时市价来罚；以眼还眼、以牙还牙，瞎了人家一个眼睛，就挖一个眼睛；侵犯人家的财产，以同一个数目去抵罪；杀人家的儿子，除了偿命以外，还要赔偿那个儿子可以生产的财富。

中国的刑鼎，是在礼要扩大为普世法（universal law）时出现。它注重的不是法理学，不是标准，而是权利。为什么刑鼎会被当时的贵族批评？因为如此一来，贵族没办法治理他的佃奴、庄人。这些佃奴、庄人可以按照刑鼎，说：“昨天你打了我一顿，刑鼎上规定不许打人，我要告你。”另外，跟法有关的是仪表。商鞅说，谁敢扛走一个木头的表，就奖赏他。扛表是很简单的事，但商鞅果然奖赏此人，以表示信用。这不是要显示法律本身，而是显示执行法律的决心。搞法制史的人，常常把仪表跟刑鼎摆在一起来谈，这不是一回事。

甚至在西周，贵族之间也有财产法。西周铭文上，至少有四五篇有关财产关系的记载，有买卖的、划地界的、交换的，处理结束后都要交给王室存档，以备出现纠纷可以找到原档来查，就算发生纠纷也可照这个档案来判。所以说，贵族社会不是只有礼，礼以外仍另有一套法律。

第七讲

理学修身·儒医关怀*

修课同学之课堂报告题目为：

一、理学家所乐何处？——读书与日常生活

台大历史所硕二

刘益维

二、儒医的世界之外——中国近世的医疗与社会

台大历史所硕一

涂丰恩

* 本文为2006年12月5日于台湾大学历史系授课内容。

先讲刘益维的文章。你想法很好，但有几个方向可以添加进去。

中国儒生的自我期许

我们要理解，宋朝是中国儒生最得势的时代，但得势不见得是在政治上，而是在社会、文化上。那个时代，也是儒家本身分派很多的时候，朋党之争都是这个时候搞出来的。你的报告中提到，要从五代的战乱看宋朝的问题。乱，有内有外，一方面是中原被胡人搅乱，另一方面是内部的政治之乱。澄清天下，是中国儒生自我期许很重要的项目。乱中求安定，乃是他们的愿望。

自我期许的目标摆在哪里？范仲淹“先天下之忧而忧，后天下之乐而乐”，他要“以天下为己任”。这种把老百姓的生活视作己任的意图，在韩愈身上看不到，韩愈背负的是“道”的责任，而不是把老百姓生活安乐作为己任。

余英时《朱熹的历史世界》一书，主要的中心思想是谈南宋的最大课题——恢复。朱夫子那些人，是一批讲恢复，讲民族大义的人。《通鉴纲目》讲的是中国历史正统论，以华夷来代替所谓“正统”的认同。篡立跟华夷这两条路，在

《理学家所乐何处？——读书与日常生活》摘要

刘益维

朱子是中国学术思想的关键人物。本文试图探究他如何将其读书体悟之理，应用到日常生活中以实践、体会。并以此观察朱子以外早期的理学家们，读书体悟与日常实践间的关系是如何，试图检查其中有无脉络可循，乃至于是否可以由此来体会理学家们如何理解当时的世界，如何由自身开始体悟、实践世间的秩序。

宋朝以前是实质的痛处。曹丕的魏，在唐朝时是正统，但等到朱夫子时代，一定要辨别华夷，于是曹魏是闰统，刘备的蜀汉是正统；南北朝则南朝是正统，北朝不是。这就是理学家的大抱负，而要实行此抱负，很重要的形式是要求“通”。你提到，四书代替了五经，为什么？因为《大学》、《中庸》讲的是修身之道。修、齐、治、平的前段，是格物致知和慎思明辨的修身部分，修身都从日常生活中练习而来。朱夫子主敬、主静，敬是恭恭敬敬的敬，静是安静的静。朱夫子也提到少闲人、少闲事，就是主静，就是慎独的功夫。慎独是一个人在那里很敬重地自己反省。

理学家由自身修行慢慢走上来的这一套，受佛教戒律的影响很大。当时，佛教在中国已底定了天下，律宗、禅宗都已出现。印度来的佛教，以哲学思想界定佛家内容的潮流渐退，换成了戒律、诚意、自修这三项。诚意就是净土宗，戒律就是律宗，自修就是禅宗。禅宗不讲形式，但是要从生活里面体会，把生活和修行摆在一起。

理学家的修身与佛教戒律

如果把理学家的自修功夫，拿来和《百丈清规》比较，可以发现两者在生活里反省的功夫，一步步是一样的，都是要你怎样谨慎、小心，要你怎样从个人生活里去体会，从砍柴、搬水、静坐中学到学问。

《朱子家训》里，朱柏庐（1627—1698）从早上黎明即起，洒扫应对，日常生活一天里的每一步都要按照一定的规矩执行。在这里，附带一提，《朱子家训》是朱柏庐的，不是朱熹的，一般人搞错了，常把朱柏庐的家训错认成朱子的家训。再者，钱谦益（1582—1664）为什么欣赏弟子郑成功（1624—1662）？因为钱谦益以洒扫为题，命郑成功作文，郑成功开篇写道："尧舜之揖让，一进退应对也；汤武之征诛，一洒扫庭除也。"将天下大事，以生活起居为喻，正是修身功夫。由此可知，郑成功走的是理学这条路，不是心学。

我曾经在岳麓书院讲过一堂历史课。岳麓书院大堂上有两条规则，右边是一天做事的规则，从洒扫进退开始；左边是课程表，课程表上说"刚日读经，柔日读史"，意思是说学问不能只从经书里边得来，也要从事理中得来。历史是一个大材料库，其中不仅有帝王将相的是非曲直，贤臣昏君的对错，也提供了许多经验。这些经验，可以转化到经中之理，读经时由经的原则来解释这些事实和世界上的是是非非。

你的文章，可以多强调修身这一部分，尤其是学问是靠日常生活的体会得来的这一点。人们修身，是如何编列自己日常的生活规范，起居进退应怎样，吃饭待客应怎么样，不妄言、不说谎、不多说话，不要贪多，不要吃多，不要喝酒喝太多，不要惹是生非引起冲突，一切都要适可而止，等等。相关的材料很多，《朱子语录》里这类的话多极了。

张载的天人合一

你报告中谈到“所乐何处”。我们从周敦颐“爱莲”、“绿满窗前草不除”，一直到朱子“一鉴方塘”的“源头活水”，都看得到其中的生机勃勃。源头活水在哪里？在于心。心能活，是由体会天地之间的生命、生机而来的。心要活泼，不能僵死。很不幸，到南宋后的元、明、清，把朱子之学愈读愈僵，愈读愈不活，连生命都读掉了。余英时能够从当初朱夫子活动的中心来看，还原朱夫子为“真正的人”，而不是把朱夫子变成一套哲学理论。从朱夫子的语录里，可以看到一些他真正作为“人”的地方，如犯错的时候，他承认；看见一些小的现象，他也会很高兴。

众多理学家里，除了二程相当呆以外，其他人大概都有这种生活之体会。二程整天端坐，枯木一样。我对二程一直不太欣赏，对张载欣赏得多。张载写的《西铭》一文，我认为跟佛家的《心经》一样，可说是儒家的一份祝祷文，把丰流意识非常浓缩地表达出来。张载是一个非常“活”的人，他说天地是我的父母，百姓是我的同胞，万物是我的朋友。他从自己的立场，扩而大之，整合、联系和沟通大宇宙和小宇宙，这才是天人合一。这个天人合一，是从内心体会、领悟出来的，不像董仲舒那样，把非常繁琐的大宇宙、小宇宙在结构上整合，写得清清楚楚，然后由外面去模仿它。比如，以一头牛模仿当时的季节，说春牛多大，鞭春牛的鞭子多长，牛郎的衣服是什么颜色等，那是一种巫术。理学家是由内心体会，推己及远，从最近的内心推到远处去，最后还是回到心学上面去，这就不是巫术了。

刘同学可以做的事情很多很多，我建议你把理学家的语录好好看一看，尤其是他们与学生对话的部分，试着去体会他们怎么启发人家的心智，如何叫人家自己去悟出来。体会、领悟之精神，孟子虽起了个头，但最大的一部分是儒家与禅宗的互相交流。理学家的这一套，和禅宗的功夫其实很像，你若把儒家做人做事的规矩和《百丈清规》对比着看，把儒家的语录和禅宗的公案比对着看，可以看出很多异同。它们都是从内心和日常最微小的细节动作上，一步步从近推到远，推到其他的地方去。其中最被关怀者，就是人生在世，活要活得像个样子，也关心世界上众人的不幸。“鳏寡在抱”，这种知识分子的胸襟和怀抱一直传到后来。实际上，西方的知识分子也有这种胸襟和怀抱，一直到西方的知识分子变成专家（professional）后才没有了。知识分子做了专家，知识归知识，却没有怀抱了。

知识分子的基本关怀

我希望大家能恢复一些知识分子的基本关怀，不要做一个只汲汲于追求一点点学问进展的专家，或是成为一个追求功名利禄的专家。知识没有边际，累积再多，已知和未知还是零，因为未知无限，任何数目字碰到它，还是等于零。知识就像大海旁的小丘，有人知识上累积了一块，别人可以踏着这一块走上去，但知识分子的关怀却是永远的事情，关怀是可以提升的。我很希望你能从这个角度，去看理学家们怎样从关怀下手，如何先约束自己，不侵犯别人，不侵犯规律，不侵犯天地之和气、人间之和谐。消极面，先自己不犯错；积极面，是懂得别人，就是“己所不欲，勿施于人”。你从读书和日常生活间的关系，从推己及人、由近而远的角度，可能会把这个问题搞得更清楚。

朱夫子是从文化的界线、文化的优越，来定政治上的清和浊。他是文化民族主义，不是从地理、民族，而是从文化观念排斥胡虏、蛮夷、北方的金人。他要恢复的不只是故土而已，是要把在文明以外丧失的，再拿回到文明里来。这种精神，实际上和基督教传教士的精神一样，也是以文化优越论为基础，别人的灵魂不要他管，他还非要管不可。中国南宋的理学家们，认为北方是戎狄蛮夷，茹毛饮血，无君无父。他们并不了解，所谓的“蛮夷”，已经有很多中国人在做事情。辽国的经国治世方法，有它自己的秩序，理学家们只是不愿承认而已。理学家是一种自以为是的态度来定清和浊，这是文化的民族主义。当时，大家都知道，宋朝打不过北方，明知恢复一定是有大害处，但非要做不可，因为这是大是大非。他们要恢复的不是利害，而是是非。

南宋非常大的一个毛病，是虚矫之气。几个权相，如秦桧（1090—1155）、史弥远（1164—1233），都很糟。秦桧有他一套，可能还好一点点，虽然和谈谈得很耻辱，但当时局势已非和不可。史弥远管理一般胥吏管得头头是道，但处理国事就没本事。南宋从头到尾，五个权相就把整个天下败光了。真正讲起来，清流没有哪天得过势，他们充满虚矫之气，只会高谈阔论，没体会到真正治国之难处，也不知道国家的实力何在。为什么清流只讲是非，不讲利害？不计其利，只计其义？这跟他们日常生活里谨言慎行、规行矩步是连在一起的。但是，谨言慎行的最后一部分，应该是体会四周围活泼泼的生命世界，并求得两者的平衡。人的生命是活的，万物的生命也是活的,所以才有“绿满窗前草不除”等种种比喻，告诉我们生命何在。

体会万物的勃勃生机

美国的俗谚说，盛夏时到玉米田里可以听见玉米生长的声音。早上到玉米田里去看，高两尺半，黄昏再到田里看，长高三英寸。那个玉米棒子,一天可以长一英寸。到玉米田里，确实是能看到玉米的成长，力量很足，苞都满满的，叶子都实实在在的。

大家知道竹子的生长也快，格竹子，是要格出它的勃勃生机，而不是从竹子里格出“道”来。竹子，是格不出“道”来的。当年逃难时，我住在四川重庆南山的一个难民大杂院里，那里原本是加拿大人办的医院。居所旁边有一大片松林，

《儒医的世界之外——中国近世的医疗与社会》摘要

涂丰恩

本报告不是一个专题式的研究，而是长时段的概论。目的不在于论述新颖的观点，而是透过不同的提问来抛砖引玉。本文的焦点是近世中国的医生与医疗文化。传统医学史告诉我们，医之门户分于金元。但是从社会史的角度而言，宋代中国的医疗体系已经出现了可观的变化。“儒医”传统的出现是其一，中央政府也对医药投入大量心血。不过在儒医与国家的医药之外，我们仍可以看到医疗市场中有着形形色色的医者，包括传统的巫医，被划归为三姑六婆的女医和产婆。这些医者与儒医持续地竞争，一直到近代的西方医疗进入中国后，整个情势才产生了变化。

上千棵松树，但围着房子的是几十尺高的竹林。我整天坐在家里，不能下山，也不能上学，闲着没事只能看这些大、小竹子。最后我格竹子，格出一番道理来：竹子比松树长得快，而且生长得比松树活泼多了。可一到冬天，松树就厉害，竹子虽然一样是绿绿的，但看起来总有些垂头丧气。到了春夏，竹子的每个叶子都是薄薄、润润的，真让人觉得都能挤出油来。看着笋子一点一点从地下钻出，先是小小紫颜色的头，比牙齿大不了多少，然后紫颜色褪掉变绿，青青的壳再变成淡黄的壳，又慢慢地变成黑斑的壳。你可以一天早、晚两次看竹笋生长的变化，两三天内的变化就很大，三天后就可以食用了。生命真是厉害，格物要能感受到生命的力量，瞎格是格不出东西来的。王阳明格竹子格出病来，可能是因为他没去看笋子，看笋子是可以看出很多道理来。

那时，我还养了上百只鸽子，没花半文钱。我们吃的是配给的平价米，里头四分之一是沙子，另外四分之一是稗子，有一半米就不错了。我每天的责任是挑米，放个小钵子在桌上，把米全部倒出来，拿一根我妈妈簪头发的簪子，好的、能吃的米往左边拨，不好的、不能吃的米往右边拨。我把不能吃的米，摆在走廊上，鸽子会自己来吃。我又拿烧竹炭用的炭篓子，塞些报纸在里面，挂在那里成了鸽子的住家。一对鸽子，一个小炭篓子，我从楼上绑根绳子往下挂，挂了一百多个竹篓子，好像是很多层的公寓。鸽子一雌一雄自己会住进去，一生就两到四个蛋，繁殖很快，后来它们自己找食物，也不用我喂。我天天看着鸽子，咕咕咕咕的，等我离开重庆的时候，有两百多只鸽子满天飞，好像给我送行。

经典元学与方剂元学

我们接着谈涂同学的题目——“中国近世的医疗与社会”。首先，你要确定“中国近世”的范围为何？是指清末民初，还是更早？好，我们进入正题。

中国的医学有两条路，一条是内典之学，一条是方剂之学。内典之学是理论，有《内经》、《难经》、《伤寒论》等一路下来。它们是中国人对身体的宇宙观、生命观，把人的身体比附成一个小宇宙对大宇宙的反应。这一条路，是大半儒医想下手的地方，也是儒生读得最痛快的部分。他们认为一旦读通，就从医学读到了天地和宇宙观念，也读到了中国人所谓的“养”与“和”——身体不是求好而是求和，生病时不是求治，是求养，所以中国人一直到今天，仍相信西医治病、中医养生。

大半儒医读内典，但每个儒医也都掌握若干有用的方剂。真正看病的医生，从葛洪（283—343）、孙思邈（约581—682）、巢元方（605—616）以及金元四大家，走的都是方剂之学这条路。方剂，是从实际治病经验中得来，死了无数人才得出这些有用的经验。方剂讲药性，跟本草不能分，其药性根本上分成干湿、温凉、冷热、燥湿、干寒等一对一对的观念。某一种药治一个病，再用另外一种药去平衡它的副作用，称之为“君、臣、佐、使”。因此，今天好的、正统的中医师，开的药味都是四的倍数，四味、十六味、三十二味，再加个药引子。

你在报告中说到，医生看病到家来看。没错，是有这种情况，但那是到大户人家看病，一般人看病还是要到药局去。药局里面有个驻堂郎中，就是驻堂医生，他的薪水是药局给的。一般的郎中，背熟《汤头歌诀》，就会开药方，他们以方剂为主，不以经书为主。《汤头歌诀》告诉你什么药有什么功能，背熟了，基本的病大概都能治。医生用的方剂，是经验上总结，吃什么药大概可以治什么病，其实大半的病是病人自己好的。方剂给的是营养剂，还有就是像紫河车、四物、何首乌等荷尔蒙。女性吃当归，男性吃何首乌。何首乌是男性荷尔蒙，吃了长胡子、养肾——也就是养男性的生殖功能。中国的草药和源自动物身上的药，基本上都是这些东西，吃了可以养身体。至于肺病吃肺，胃病吃胃，那个是类比的巫术，不算数。

方剂——中医的精华

伤风药、肚子痛药等等，这些药都是方剂。有了方子，大家生病好像都是在吃成药。直到今天，中国人还习惯吃成药！大陆的成药，简直可以铺天盖地来形容。到美国来念书的大陆同学，生病时自己治病，他们通常都带两大堆药，一堆是中医成药，一堆是西医成药——各种的抗生素。后来我对他们说，中医成药还不太容易吃坏人，但西医成药绝对不能吃，吃这么多抗生素，吃到后来你就无药可用了。我曾在香港中文大学教过七八次半年的课，我一打喷嚏，他们广东人就拿成药给我吃，快感冒时有一种药，感冒快好时有一种药，感冒后又有一种药，种类繁多。由此，看得出中国人好吃成药之习。

真正讲起来，医病的是方剂，方剂之学是中医里的精华。只看经典的“真正”儒医，反倒没几个，如果有，也不要找他们看病，因为他们不太讲究方剂，搬理论医人会医死人。今天研究医学史的人，多从经典下手。中医的经典之学，是一种生命哲学，跟医学是有距离的，也无法用解剖学来解释。

解剖现象，王莽以前应该就有了。王莽时代，可以拿死刑犯来大解剖，量他的神经有多长，胃有多大。如此处理的死刑犯，数量应不少。但中国解剖的目的，是想要测量人身小宇宙的尺寸，来和大宇宙对比，这和西方中古时代偷墓里死人大卸八块来做研究，很不一样。中国人认为生命是一个完整的东西，气是维持生命最要紧的元素，一剖开来气就没有了，因而中国人一直不相信解剖学。

中国的针灸学，也不能从解剖上得到解答，因为针灸的要诀在于气的流通。针灸针的是什么？可能是神经。今天的针灸医师，大都搞“阿是穴”方式的针灸，哪里痛就针哪里。“阿是针法”这一套,针的不是神经,是淋巴。淋巴是液体,没有神经线,没有血管线，看不见的。刺激淋巴，淋巴会分泌物质去治疗伤口或者解除疼痛。

巫与医

儒医还有很多方向可以谈。巫跟医本来是一家，原本医（醫）这个字下面不是“酉”字，是“巫”字。今天，还有若干巫和医的灰色地带，举例讲，南方土著民族的一种医术叫“祝由科”，它七成是巫，三成是医。

巫的草药，有的真有用。有两种南方的药，建议大家买来放在家里备用:一是云南白药,用草药制出来的,止血真灵。每一瓶云南白药里，有一颗小的红药，是止血急救用的，可外用，最好别乱吞，因为它的止血功能太大，如果是脑溢血、胃出血的话，往肚子里吞，血一凝结起来，病更坏。另一种南方药，在台湾不常见，叫“京万红”，是用三种南方土药合起来制成，所有的烫伤，不管是火烫、水烫，在伤口上立刻敷上京万红，半个钟头后一点事都没有，不然的话一定起个大水泡。这个京万红，是我在抗战期间得知的东西，到今天我家里还在用，厨房里一定有它。

你刚刚讲到埋胎衣。《禹藏图》里就说到什么人在什么时辰，埋在什么方位，会跟小孩未来的一生有关系。这是巫术思想，跟生殖本身无关，但心理上对产妇会有安慰作用，也给家人孩子长大不会发生意外的信心。

你讲女子生病，在家不能去看病，那也是大户人家的事情。可惜，传统中国的女医生很少很少，要等到民国初年才有女子去学西医的产科。其实，当时她们学的不是医，而是助产接生。至于这幅“望闻问切图”，有一个女子在里边，画得不很正确，因为望闻问切应该是面对面的。中国有个近乎神话的说法：医生用一根线绑在女子手上来望闻问切，没有这回事，再强的脉搏也不能靠一根线测出来，何况那线松松垮垮，还不是拉紧的。这一段，你可以放在信巫不信医的部分。

你的报告中，关于西式医生没讲多少。最后附的表，是今天中文里的西医名词，都是翻译过来的，很少几个是真正中医本来的名称。你要理解，中医里的五脏“肺、胃、肝、肾、脾”，并不完全是讲这五个器官，它们是金、木、水、火、土的代名词。中医的经典，象征性的代名词太多，不太容易读。

有一次，我在南京，南京最好的老中医来替我把脉。这医生来时，后面跟着三个人，一个提药箱，一个记录，一个在他旁边随时等他吩咐。他替我把完脉，说了一大串七七八八的象征语言。我就说，先生你讲的不外乎“外燥内虚”，对不对？他吓一大跳，说：“对，这四个字就涵盖完了！你怎么懂？”我说：“我没学过医，但看过一点点医书，听你讲，我大概晓得。”所谓“外燥内虚”，“燥”跟“虚”是象征，“外”和“内”也是象征。所以，你列的这个表，跟中医没有什么关系，等于是把洋人的名称翻译成中文而已，只能作字典，不太实用。

中西医的交流问题

西医跟中医之间一直没交流。最近中西医之间的汇合，主要在用药的方面。大陆和日本，都从分析方剂药物下手，但这有极大的困难。困难在于前面提到的“君、臣、佐、使”：“君”里有一个副作用，要用“臣”来平衡；平衡之后，“臣”自己又有一个副作用，要用“佐”来平衡；“佐”的一部分也有副作用，再用“使”来平衡，到最后一锅熬，用水来平衡。喝的时候，温着喝、烫着喝、凉着喝，都不一样，也是平衡某种药里剩下的那些副作用。这需要非常细密的定性分析（qualitative analysis），才能只分出药与药之间许多种不同的化学作用。

今天在大陆，西医的医院里有中医科。中医科的中医看病已经不再把脉，和西医一样量温度、用光、用心电图。只有最好的老中医，才会把脉。把脉确实可以分析到许多东西，但他们现在都不管这个了。

中西医会合，主要是在药的方面。这方面，日本做得最好，中国正在迎头赶上，其量可观。台湾在这一方面，则是闭关自守，中医自己没有研究，西医也不注重，所以兼通中外的医师不多。真能有好医生中西医都通的时候，是会找到好药的。大陆上，许多好的中药制成打针的药、口服的药，而且都已量产了，人造胰岛素就是大陆从中医里边弄出来的。当时他们没有很好的现代实验室设备，硬是手动一滴滴地点，几千滴、几千滴地滴。大陆有很多药，在知道其化学成分后，就不再从原来的植物、动物里撷取，而是直接合成。这方面大陆已经发展到相当高的水平，海峡两边不交流真是不行，台湾在这一方面落到很后面去了。

可行的研究方向

“中研院”的李建民，喜欢哲学思想，读经典读得不错，我一直劝他从方剂这方面去下手做功夫。假如涂同学真对这条路有兴趣，一定要晓得“本草”。列朝的本草，其实并不一样，从《唐本草》开始，每一次新修的本草都增加了不少新内容，而且要注意，连药性也跟着逐渐修改。最早的本草，说麦子是毒的，后来的本草在认识清楚后，则说麦子是温和的。早期本草的火，有种种分类，如雷火、燥火、肝火等，后出的本草没有这些分类。《唐本草》厉害的地方，是加了一大堆南方的动植物。《明本草》集大成，加了许多域外的，甚至欧洲、中东的动植物在内，也吸收了很多藏医、北方医学的内容，另也有一些西方医学在内——不是理论，而是药物。

如果你有兴趣做这方面研究，我建议你把本草一味一味药从古到今一路排比，看它有什么新的改变？看前面没有，后来新加进去的药是哪些，列在哪一类？什么时候列进去的？有什么功能？再从《肘后方》、《急救方》、《千金方》等方剂一路排比下来，用方剂里讲的性质和本草里边讲的性质列表对比，一定会做出结果来。这样做，比较能和正规的实证挂钩。今天讲到这里，各位有什么问题？

提问与回答

问：中国医疗跟道家有点关联，请问这关联在哪里？唐之前就有吗？

许：不只有点关联，还深得很。东晋的葛洪，本身就是道家，他对医家跟道家两方面都有贡献。道家对中医的贡献，有两个部分：第一是理论方面，因为道家理论认为人跟自然是联结在一起的——请注意，我不用“道教”，用的是“道家”。人变成小宇宙，小宇宙的架构方面是董仲舒的，功能方面则是道家的，两者合在一起变成了内丹、外丹等等的医学理论。道家对中医的第二个贡献，是药学。老道们深山采药，对方剂的贡献极大，做的工作比任何人都多。这是因为他们相信这一套，再加上他们要和自然合一，向来住在山里，不吃熟东西，只吃菜叶、芝麻、花生，营养成分足够过日子。当他们七病八痛的时候，就在山中采药吃，采多了、采久了，就采出实际的经验，长久观察后能定出药性，这一点贡献极大。

譬如根茎类的植物，从萝卜到地瓜，从番薯到山药，有的吃起来麻嘴，有的不麻嘴，老道们天天吃这些东西，就会吃出经验来。

道教的传说里，有许多为禽兽治病或是从禽兽处学到治病的故事，这些都是他们在山野里观察得来的后果。动物确实会替自己找药，刚讲的云南白药，最主要的成分，据传是有人看见猴子自己找药敷在流血的伤口上才发现的。还有就是有医药知识的道士，喜欢往西南一带深山采药，当地人会告诉他们吃什么东西有什么效用，他们也会看到当地人生了某种病吃某种东西产生效用，因而道士们从当地的少数民族身上学到草药知识，留下很多有关草药的记录。金元四大家所在之处，都是道教最盛行的地方。

问：针灸跟道家或是道教，是不是也有关联？

许：不。在考古上，新石器时代就已经有像是针灸的用具了。大概早期人们碰碰撞撞的，碰到麻经就麻不止，碰到痒经就笑不止，拿个东西压在某处会止血，压在另一个地方会止痛，这些都跟物理治疗（physical therapy）有关，久了就弄出一番道理来。汉朝考古，有相当多物理运动治疗的图像资料，像“五禽戏”。五禽戏跟《庄子》里边讲的“熊经鸟申”有关，是庄子观察到熊、鸟的姿势可用来做物理治疗。汉朝另有《导引图》，画的是走路的样子，属呼吸吐纳、气功养生方面。呼吸吐纳和道家谈的气归结在一起，和中国“气”的神秘观念有关系。导引气时，你做某种动作，那个地方的血就会怎么流，流到哪里后你感觉会不一样，哪个地方的肌肉也会有反应。可以这么说，针灸是实证的东西，其理论取自道家；中医的方剂也是实证的东西，其理论有儒家、有道家。

吴主任：我也问个问题。在古代，巫、道、医是否是同源？

许：是这样子的，道教本来就是巫嘛。

吴主任：这里头又发展出好几样东西。一是天地人宇宙论的系统，像《内经》里，道、医、巫合在一起。另一种，是刚刚讲的方剂这一系统。还有一种很有意思，《扁鹊仓公列传》一开始，讲扁鹊得到人家给他的一个“禁方”，吃了之后，能够洞见别人脏腑。一直到当代，都还有一些练功的人看别人时，穴道的地方会看到闪光。

许：这话我存疑。我见过一个人，据说修行功夫不低，也能看见。我测验他，结果有一半是错的，百分之五十的错误等于是在猜！

吴主任：神医功能，历代讲很多，佛教也有一些。不知您怎么看？

许：基督教也有啊！所有的宗教，从基督教到南美洲的巫师都有，是心理层面的，信则灵。

吴主任：还有病气问题，据说有些中医碰到你会有感应，可以感觉到你身体什么地方有病痛，还有人能传气治病等。

许：这些我也不太能相信。这类事我看的不算少，基本上都没有办法具体落实在我的知识范围内。台大的李校长对我说过，参加手指识字实验的小孩子看“佛”字时，看到很亮的光。实则，“佛”这个字本来不是“佛”的意思，《左传》上就有，是与孔子同时一个人的名字，跟今天讲的“佛”一点关系都没有，只是发音发出个佛而已。如果写菩萨，菩萨会不会发光？或写个 B，发不发光？也是发音嘛！

问：《礼记》中已经有“洒扫应对”这样的部分，宋代之后，中国对于礼的看法有没有改变？

许：没有改变多少。宋代只是把士大夫的礼落实到一般所有人，把等级化的礼，变成日常生活的礼。所以《礼记》里很多讲的是等差、等级，什么人家有什么礼，什么人用什么用具，到后来就变成人人都可行之礼。

佛教传入中国，并没有将印度礼带来多少。带过来的印度礼，只有几个，像焚香、鲜花、打坐、瑜珈功，以及和尚袒着半个肩的衣服。佛教反而接收了许多中国的礼，所以《百丈清规》里很多礼，都是儒家礼，如担柴、接水，都是儒家的样子。这并不是说儒家学佛家，或佛家学儒家，而是两边都是走入中国传统里的修身办法。

问：中国早期就有修身，宋代又出现那种活泼的观念，在宋元之后，对于礼的看法是不是有些转变？

许：有转变。早期的修身规范，内修的部分，从汉朝开始由道家跟道教接续下去。内修部分，如吞津液这一套，在理学家的日常生活里没有，反而是到了王阳明以后，心学这边的一些旁门左道，又把这部分端了回去。

身体内修这一派，到后来发扬光大，变成炼内丹。炼内丹，不仅是呼吸吐纳，还包括吞津液，就是吞口水。还有，男子炼内丹，要把放出去的精吞回去，吞精有两个办法，一个是从嘴巴吞回去，一个是经由男子性器官收回去。性器官本身能够呼吸，不是吸到肺里去，而是训练若干肌肉，可以练到自由进出就是了。修内丹的规矩，有些和《礼记》内则是一样的，只不过《礼记》中那些日常生活里的等级化，跟天地之间的关系等都不见了。

日常生活的规矩，要谨慎认真地去做，像是扫地前一定要先洒水。以前，我们家里的小孩，每一个都要轮流扫院子，都知道先洒水后扫地。每个小孩都要砍柴，柴要堆得整整齐齐，一摞一摞，砍的柴不能太重，又不能太轻；不能太长，也不能太短，要适于塞到灶里烧的长度。这一切，都要按照规矩做，不许错。当然，我身体残废，不能做这个事情，只能把线或绳子一圈一圈卷成线球，放进抽屉里备用，爱惜物资，不许浪费。

问：朱子等宋代理学家，强调日常生活的规范，正视环境整洁或个人生活整洁。可是我们发现这些落实在民间的程度很差，至少就近代中国来看，很多记载，特别是日本人的中国游记里的一些记载，第一个提到的就是中国最脏。我好奇的是，理论跟实际落实转化之间，到底是什么因素造成如此大的差别？是民族性，还是社会结构的影响？

许：我觉得是18、19世纪中国人口急遽增加，而经济急遽衰退，人民穷疯了才造成的。以老宅子为例，像我家的老宅子有三百年之久，给大众用的公用厕所建在宅子的四个角落上，是砖砌的，上面加的板子也摆放得很整齐。厕所里有出气地方，干干净净的。即使在四川偏僻地方的老房子，墙都砌得规规整整。为什么我家要盖厕所给公众用？因为有收益。乡下农户每天清早四点钟，就到厕所旁边掏厕所的粪，等到秋天农户的稻子收割，会运一堆堆的稻秆给我家当柴烧。大宅子的四个角落，多建有公用厕所，因为粪便是收入，可以换燃料。18世纪以后，人多了，穷疯了，就不一样了，尤其是大城市里一般的住户和大城市旁边的农村，连盖房子都盖得拉拉杂杂、马马虎虎。日本人看到的中国，是最倒霉时的中国。早期到中国来的朝鲜使节回去写的《燕行录》，或是越南人写的《北行杂录》，或是到中国的琉球人回去写的记载中，都说中国干净整洁。

问：理学家有从政的，还有很多没有做官，只是在研读、实践他的道。南宋以后理学家求取事功的欲望，好像比较少，是不是南宋到元的理学转向比较内向的趋势？刘子健先生也提到，南宋是奠定往后中国文化转为内向八百年。宋以后的理学家，有亡国之痛，跟中国文化的向内转变是不是有关联？

许：不能澄清天下的时候，就把自己修成好人，再进一步把齐家做好。也就是说，不能治国、平天下，至少能齐家，它是有阶段性的，有多少机会做多少事。黄宽重最近研究地方士族，就是那些邻里乡党上的领导人物。这些人物，在当地没有法律时，他们可以以礼法来规整人生。不少理学家在学问方面没什么大道理，都是重复人家讲过的话，但他们确实是在执行这些实际的行为。

不晓得你们是否看过大陆的一本小说，陈忠实写的《白鹿原》，书中那个朱老先生，一辈子就是要成为乡党邻里的楷模。朱老先生不是要管理乡党邻里，他只想到“我做好了，就能成为大家的模范”。当然陈忠实笔下的朱老先生，是理想化的人物。把陈忠实和贾平凹写的书对比来看，很有意思，讲的都是陕西，但是真不一样。今天就谈到这里。

第八讲

精英地方化·五四运动*

修课同学之课堂报告题目为：

一、中国近世社会精英“地方化”问题之讨论——由韩明士《政治家与绅士》之论点为核心

台大历史所博一

朱开宇

二、北京政府对五四运动的态度及举措

台大历史所硕一

苏圣雄

* 本文为2006年12月12日于台湾大学历史系授课内容。

从写《中国绅士》的张仲礼，到后来写《中国乡村：19世纪的帝国控制》的萧公权（1897—1981），为什么西方的汉学界，尤其是在美国大学里的中国学者，都要介入绅士问题？因为当时有许多人——不只是汉学界——关心一个超出汉学范围的大课题，那就是东方文化与西方文化之间的差异，东方是东方，西方是西方，东方有的是东方型的集权主义。

Gentry、Junker（容克）与中国的绅士

东方各国大都是中央集权，国家的力量很强大。这时候，像萧公权先生这些人就认为不应这样说，因为中国绅士阶层的力量是很大的。中国的绅士，又叫士大夫、缙绅。这些名称，都是从官位、官爵、官服衍生而来，像士大夫当然跟官有关系，缙绅这个名词也是从官服演变而来。

绅士，即英文的“gentry”，原指当年北族打到英国时，英国各个地方上割据的小力量。这些地方上的小族群，有撒克逊人（Saxons）、诺曼人（Normans）和原本当地的人，皆不是大的谱系。Gentry的字根是gene，即今天我们常说的“基因”，但当初gene这个字是指希腊时代进入希腊城邦里的一个个族群。每一个gene，由一个人带领下面一群人，包括他

《中国近世社会精英“地方化”问题之讨论——由韩明士〈政治家与绅士〉之论点为核心》摘要

朱开宇

韩明士（Robert Hymes）所撰《政治家与绅士：两宋江西抚州的精英》（*Statesmen and Gentlemen: The Elite of Fu-chou, Chiang-hsi, in Northern and Southern Sung*）发表后，引起不少讨论与回响。其书所讨论的主题，例如南宋家族的经营策略、宋代的社会流动、精英与乡里社会、国家政权的互动等，对宋代家族史及社会史研究均有所启发。其论说广为欧美学界所接受，但也为专精之相关学者所诟病。而其所提两宋精英发展性质的转变与南宋“精英地方主义”等论点，既与明清乡绅等相呼应，也攸关对中国近世社会性质之理解。因此，将其论说加以厘清实有其重要性。

然而，如同包伟民的评论，韩氏的观察方法，基本是通过将南宋时期抚州的精英们的各种社会活动，与北宋时期作对比来得出结论。同时，韩著所欲讨论的，其企图并非仅仅局限于从北宋到南宋这一朝一代的变迁，而是着眼于中国帝制后期社会演变的总趋势，因此其所涉及的“长时段考察”，需要进一步地深入辨析与处理。亦即，他的问题意识与关怀层面跟中国近世社会的性质与发展趋向息息相关，但他的处理方式却以宋代的抚州为观察焦点。由于传世文献有限，没有足够的文献记载来支撑它，便难免有片面或背离史实的推论。因此，欲进一步厘清韩明士所提论点是否符合基本历史发展或是否应修正，除了深切检讨其所使用之方法、材料与推论之严禁与否，另一个重要的途径是放宽观察的历史脉络，至少先以一区域个案作为检验，对韩明士所提之概念一一厘清，方能深化我们对中国近世社会是否存在“精英地方主义”的了解。

本文将韩明士该书的重要论点，尤其是将“精英地方主义”的概念，放在由宋至明的历史脉络中予以分疏、厘清乃至修正，试图深化我们对中国近世社会家族与地方精英等社会性之理解。

的家族和随从——像部曲一类的人。另外一个字也跟绅士有关系，就是德国的容克（junker）。容克是日耳曼族（Germans）下层的武士，他们有点像日本的武士或孔子时代的士。在日耳曼的部落结构变成国家结构以后，容克并未掌握武装力量，反倒是掌握了土地，成为大地主。韦伯最早的研究工作，就是研究这些容克的权力来源。容克虽然要回应政府的兵役要求，像《木兰词》说的那样，大汗要点兵的时候，就要出来，但他们真正的权力是来自身为地方大地主所掌握的经济资源。

我讲这一大串，要说的是，当年的中国学者们认为：中国也有类似的现象，中国的绅士跟 gentry、容克一样，有足够平衡政府的力量，然后直接衍生出国家和社会之间的对立。

社会力量与政府力量

到了 1980 年代，大家又开始讨论另一个主题，那就是民主政治究竟应如何实现、推展。当时的世界各处，正在推展民主政治运动，已经没有太多国王了。有人开玩笑说：世界上只剩下五个国王，扑克牌上有四个，再加上英王。当然，日本也还有一个王在那里！民主政治发展运动，自 1848 年一直到 20 世纪后半，发展出很多不一样的形态，也产生了很多跟民主政治不符合的现象。因此，当时讨论的议题有：民主政治究竟是什么？是不是掌握了民间社会的力量，使得政府不能不屈服？市民是不是要有足够的财富力量，才能像英国一样，使英王屈服？这种种陈述的内容，界定了一件事：要有民主政治，一定要有城市，一定要有城市的中产阶层，也就是市民。换言之，先有足够抗衡政府的社会力量，才会有民主政治。

这样一路推论下来，当然可以用容克的大地主身份去替代市民的身份。于是 1980 年代，大家开始讨论中国绅士究竟有没有地主身份。何炳棣先生因为做统计要求一致，为求一致就很勉强地把举人跟生员分成两边，一个构成绅士，一个不构成绅士。况且，他用的例子不过是《儒林外史》上的几句话而已。自此以后，很多美国朋友也开始用同样的方法，研究各个地区地方上有没有哪些家族的力量特别强。研究者几乎都注重在中国历史的后期，事实上前期在四川有很多好的案例，《华阳国志》里就有一大批，此外东汉也有很多案例。

由宋至清的民间力量发展

东汉时有察举，地方大族都是累世公卿，一代代不断有人做大官，因此地方上的权力基础是从上而下。南北朝时候，察举已空空洞洞地没有效用了。武则天（624—705，685—705 年在位）实行科举，但实际上唐朝的科举并不像陈寅恪先生所说——科举出身的士人代替了世族，一批新的力量代替了旧的力量。理由有二：一、从中举的人来看，压倒性的皆是大族；二、那时的科举，可以预先内定，本身并不那么公平。我的意思是，一直到唐朝晚期，地方势力和政府仍是挂靠在一起。唐后期到宋，才确实看见很大的改变。原因在哪里？因为另外一批有着齐家、治国、平天下这种一层层理念的理学家们出现。理学家认为，把邻里乡党、宗族亲戚这两个基础层级治理好，上面就好办了。我认为这段演变过程，有一个函数关系在里边，此长彼消。

不说五代，因五代的政府乱七八糟的。北宋的地方政府、地方首长没什么权力，因为：第一、资源分散，管军队的、管财务的、管刑名的，三者互不相干。第二、地方政府采双首长制，有“通知”和“通判”。因此，地方官很难动用到官家力量，例如那时的军队本身就是出劳役，地方官根本动不了。在地方政府效率极低的状况下，许多地方事务没人做，倒过来变成由地方上的领袖人物出面做。结果是，宋朝的地方建设，政府发动的极少，民间发动的反而很多。就算是有哪个地方官做了地方建设，例如苏东坡（1037—1101）在西湖建苏堤，动员的也是民间力量，而不是官家力量。明朝也是如此，布政使、都指挥使、按察使、提刑四个主官，一直到后来才设立了一个总主管，临时设了督抚。到了清朝，前半段还是司、道平行，有三司官，各管各的事。道就是地方的道台，司就是布政司、按察司等，但基本上还是走宋朝的格式。清朝前半期，满人总制全部，太平天国运动前，汉人跟满人督抚的比例是不相称的：满人人口少，督抚所占比例却多；汉人人口多，督抚人数约与满人中分天下。好的、大的省份，督抚大多是由满人出任。

我的意思是说，从宋以下一直到清，政府本身的效率不高，效率不高不是因为人数太少，而是因为结构性问题造成的。在政府效率不高的气氛之下，民间力量才一直强大。

民间力量的不同形态

研究绅士权力和大家族问题的学者们，大都各人研究各人的题目，有的研究徽州，有的研究福州。我们可以发现，大部分的学者都在研究南方，北方的研究不多。究其原因：一、北方经过辽金元统治，和南方有相当程度的文化差异；二、北方的灾难多、兵灾多，因而人口少，人口流动多。北方来一次灾荒，一批人口就跑到另外一个地方去，因而村落里，甚至县里，难以出现大家族，也无法出现那种以退休官员身份吩咐地方做事的情形。顺带一提，关于北方的人口流动，除了南北向外，东西向移动的题目很值得做。一般而言，北方等到真正有事情的时候，会形成一个个民团的地方力量，大多是依附于宗教、寺庙、武装小民团等种种民间组织。

我常说，中国是个小世界，这小世界里各地区的差异性太大。例如，北方修谱跟南方不一样。南方谱系之学相当流行，尤其徽州；北方谱系之学则相当薄弱，虽然山西一带有修地方志，修地方志是地方上共同的事情。再如，李自成（1606—

1645）、张献忠（1606—1646）在北方流窜，没收富人的财产，基本是明朝的郡王、宗室的财产为主。谁抵抗他们？没有。李、张等人在北方不但没有碰到抵抗力量，许多民团反而跟着他们走。南方则不同，南方的地方武装力量很强，李自成的部队一进湖北，地方老百姓就起而对抗了。

现在我们做研究，选题目时常常跟着洋人走，原因是我们做留学生时是他们洋人的徒弟。他们汉学界的人，则跟着大潮流热门的题目走，研究题目隔了三层才到台湾。造成的结果就是，题目归题目，题目后面的差异性，以及为什么提出问题的原因都不见了。总之，中国地方上有领袖人物，但各地方领袖的形态、身份都不一样。贵州或广西是一个不大不小的地区，作为一个生员就蛮神气，见了县太爷有权不磕头。在这个地区，一个生员就可以包揽词讼，可以先跟县太爷和县太爷的幕僚一起吟诗写文章，到后来就变成金钱交易的中介！这种中介，在地方上只会鱼肉乡民，没能力去认真地做地方建设。

中国地方上的绅士有能力做事，从事商业是很重要的一个条件，是否是大地主就关系不大。这就是余英时先生为什么要谈“商人的儒家伦理”，因为儒跟商混成一团，一个家族的老大做官，老二做生意，老三在家管田庄。这种形态，必须在够富的地方才能出现。解决地方上的问题时，或由祠堂以组织形式出面，或由身份最高、说话最有影响力的人来出面主持。但徽商、晋商这些大富商，都不太管地方事务。

徽商不是以谁的科名高，而是看谁有钱，来做地方领袖。有钱的晋商，钱多到地窖里都是一坨坨的银子，因为他们怕人偷，就把大堆银锭用火烧镕成一坨，让人搬都搬不动。有名的晋商“日升昌”票号，就有这么一个地窖，我还亲眼看过。这些有钱的晋商，都不是缙绅士大夫，子弟也不去考功名，祠堂也没力量，因为大家都是靠个人起家。电影《大红灯笼高高挂》拍摄地点是山西的乔家大院，乔家就没有祠堂。所以，北方的地方事务，绅士不管，富人不管，祠堂也发生不了作用。

绅士之间的网络

绅士和绅士之间，可以靠婚姻、世交联结成一个网络。如果这个网络够强大，就可以抗衡中央政府。最有意思的是官僚网络间的抗衡，是清朝晚期的杨乃武与小白菜事件。此事本不应把它当成一个闲谈的案件，要扩大到从南北的官僚群、南北的关系网络，以及谁是网络的头头来分析。官僚们以婚姻、同年、同僚、同乡等元素，组成南方官僚群和北方官僚群，双方斗得昏天黑地，到后来南方官僚群斗赢，杨乃武案给平反了。婚姻是这些绅士联结网络很重要的工具，第一级的婚姻是全国性的，第二级的婚姻是全省性的，第三级的婚姻是全县性的。这个由婚姻架起的绅士网络力量，超越祠堂，也超越功名。绅士们可以一无所有，号称“清流”，可是他们结合在一起的力量很大。

我在家乡无锡读高中时，父母有很长一段时间不在家里，由我负责家族里的婚丧喜庆。地方上有人事关系的公关，手中有个本子，本子里把谁跟谁是什么亲戚，谁跟谁五代以前是什么关系，谁生日时哪一家送多少钱等事，注明得一清二楚。这位先生会来提醒我，哪一家是老亲，什么时候应该送什么。我常常管这码事，因此很明白这中间的复杂关系，而一般西方学者在书上查不到这些习俗，没办法理解到背后这些要讨论的议题。

我从绅士问题的背景一直谈到这里，要指出的是，所有洋人或汉学家，都没有理解到它背后有什么要讨论，而是每个人挑一块地区来研究，都是地方性的。要研究地方性也可以，至少应扩大到区别南方北方。各地区国家与社会关系，该研究处理的地方很多。像台湾宗教，一个庙一个祭祀圈，彰化妈祖庙的祭祀圈跨越彰化、台中。当年我到南港，路上的松山慈佑宫曾经很兴旺，大拜拜时，人山人海。但今天的慈佑宫已经不若当年，它原来的力量被都市化冲淡了。大陆北方的宗教也类似，如真武庙、关帝庙，庙的所在就是市集的中心，也是联结地方力量的场所。依附在庙上的，常常是某一种练武的团体，什么拳的，多得很。

北洋政府与五四运动

接下来讨论苏同学的报告。苏同学一方面从政府结构，

《北京政府对五四运动的态度及举措》

摘要

苏圣雄

本文从北京政府的视角出发，考察其对“五四运动”的态度及举措，有别于过去从学生运动的角度进行之讨论。

北京政府对“五四运动”初期的态度，是视其为一“公安”事件,采行举措为“镇压”与“晓谕”并行。“六三运动”之后，全国大罢市，风潮扩大，政府态度遂软化。举措转为惩办卖国贼，国务总理钱能训下台负责。

考察北京政府立场可以知晓，其自然不认为己身决策出卖国权，反而认为群众受有心人士误导，而对政府有所误解，故极力自辩。然而，群众对政府不信任，加以政治斗争造成的不利宣传，使北京政府无力辩诬，最终形成吾人至今对北京政府的印象——军阀乱政，祸国殃民。

一方面从政府功能来讨论北洋政府。实则，北洋政府的结构是空的，什么约法、宪法都是空的，因为那些议员是点名派任，不是民间选出来的。在辛亥革命以前，各省的省参议会，南方有相当的代表性，各地颇有地方精英去参加省参议会的惯例，但北方未必如此。换言之，北洋政府这个结构，以及结构背后的运行方式，其实就是北方官僚群合在一起的权力集团。基本上，北洋政府不是民国，而是清朝的延伸。这就是为什么五四运动的时候，北洋政府认为自己很冤枉，受到了委屈；也不理解为什么有人要反对。反过来看，反对北洋政府的人，如梁任公、北大人等，倒觉得自己反对得理直气壮，主要原因是知识分子从清朝晚期兴起的一种觉醒，那就是满人无知，军人也无知，这些人把国家搞得乱七八糟，知识分子、读书人当问国家事。梁任公的脑子里，还有公车上书的事情，认为士大夫或知识分子要干政、问政、议政，北大同学也有自觉要接管国事。

紧接五四以后，讨论的是“问题和主义”。主义，是整套整套搬过来的东西，如无政府主义、社会主义等，胡适先生认为应“多谈问题，少谈主义”，知识分子应先发现问题。胡先生所说“问题”的内涵，包括一个字一个字的考证。一直到五四以后，问题和主义这两种方法仍有分野与对立。后来又有所谓“社会史论战”，一方面要确定中国是什么样的社会，另一方面在确定了什么样的社会后，应提出哪个主义最好。这个论战，不在胡先生讲的“问题”范畴之内。

这些论战、抗议、主义等等，对那个由清朝延伸而来的北洋政府而言，都是陌生的东西。明朝晚期，有东林以及苏州大规模的抗议、罢工。但到了清朝，从金圣叹（1608—1661）搞了一大堆秀才哭庙后，就建立了不许生员论政的传统，甚至还刻碑放在文庙里。尤其在文字狱以后，清朝便不许集社抗议。因此，这个由清朝延伸的北洋政府认为，我管理国家累得要死，你们知识分子还叽叽喳喳地吵不停。

蔡元培（1868—1940）辞掉北大校长职务时发表的宣言中，有“民亦劳止，汔可小休，我欲小休矣”、“杀君马者道旁儿”之句。这两句话讲得非常含蓄，以致大家不太理解它真正的意思。“道旁儿”就是街边的舆论，表示蔡元培对当时的舆论也有批评。蔡先生是知识界的泰斗、祭酒，但他同时也是清朝的翰林，正好跨越两个阵容，算是个中间人。一方面懂得清朝，另一方面也懂得北洋政权的徐世昌（1855—1939），才会有上述这个观点。平心而论，徐世昌这个人很不简单，在北洋军人之间，能够做出一些事情，使国家安定一段时间。把徐世昌摆到清朝政府里，他会是个能臣，恐怕不比翁同龢（1830—1904）、李鸿章（1823—1901）差。

你讲得很对，在两个文化群或社会群，甚至于两群地方人士之间，是有隔膜。五四人物里，不是没有北方人，像大才磅礴的傅孟真就是，但大多数是南方人。五四的发动者及参加者，以南方人居多；罢市、罢课在上海搞得轰轰烈烈，不在北方。如你所说，这当然是南北差异，以及中国的地方化。

基本上，在太平军以后，中国南北就分开了，甚至到义和团的时候南方竟可自保。另外，如练兵自强的经费，不是由北方省份出，也不是由中央出，而是南方出的钱。例如，张之洞（1837—1909）用的是湖北的钱；左宗棠（1812—1885）用的是浙江的钱，包括那个红顶商人胡雪岩（1823—1885）给他的；李鸿章的钱，是盛宣怀（1844—1916）在上海搞了一大把拨过去的；湘军的钱，完全是由南方出。因此，南方有财权，北方有军队，这情况造成了南北对立。

五四时被骂的卖国贼中，就数陆宗舆（1872—1949）最冤枉。他后来在比利时做修士，最后死在修道院里。政治斗争里，有很多这种冤枉的事，不说别的，我的老上司王雪艇（王世杰，1891—1981），跟俄国签了《中苏友好同盟条约》，一直被有的人骂是“卖国贼”。可是，王雪艇是替国家承担这个责任，他哪里是自己要签那个约呢？甚至于当时派去的内政部次长雷法章（1902—1988），也是替国家顶冤。雷法章到外蒙古“监视”当地的公民投票，但那个公民投票哪里是蒙古人在投？根本是俄国人在搞鬼！其实，我们知道得一清二楚，那不是王雪艇的错，可是有人仍咬着牙骂王雪艇，这是非常不应当的事。五四时的曹汝霖（1877—1966），跟日本人勾结有年，还可说他是亲日派，但陆宗舆则是冤枉的。

有关五四厘清的问题

关于五四，还有一个一定要厘清的问题，那就是不能把新文学运动、新文化运动、五四运动放在一起，在这三者之间画上等号。三者固然有重叠的议题、重叠的人员，但它们的广阔幅度、影响深度、参与人数和贡献完全不一样。五四运动是爱国运动，是学生运动。新文学和新文化这两个运动，并没有爱国运动牵扯在内，但两个运动的内涵也不一样。新文化运动，波澜壮阔，左边右边都牵涉到，到今天仍没有完成；新文学运动，其实只是由一小批人发起，但这一批人的影响极大，到今天大家都不读古文，只读白话、写白话。我希望你将来研究这个题目，能把五四运动相关的这三件事情做深入研究和讨论，把它们理清楚，不要混在一起。

第九讲

斯文·死谏·同心圆世界观*

修课同学之课堂报告题目为：

一、唐宋之际“文”概念的演变

台大历史所硕三

吴立仁

二、陈天华自杀事件时空背景探析

台大历史所硕三

林颖钰

三、晚清士人看待世界、认识世界的“舆地世界观”研究

台大历史所硕三

黄士荣

---

* 本文为2006年12月19日于台湾大学历史系授课内容。

今天先从吴同学《唐宋之际“文”概念的演变》讨论起。你文中提到包弼德谈“斯文”这两个字，有对的地方，也有不完全对的地方。《论语》里“天之未丧斯文也”的“文”，指的不是文字，不是文学，甚至也不是你所讲的“文”。《论语》那个“文”是文化体系，就是礼乐或礼乐的世界。你讲的“文”，不是文学，基本上是“文以载道”的“文”，后面载的王官之学、百家之言，一个文本经典的传统。

文本的经典传统或经典传统的文本，和文学有差异。经典是从文学独立出来，成一类别，代表的是文化系统的叙述和阐释。我觉得你的这个解释很好，可以继续发挥下去。假如把包弼德跟你的观念兜在一起，可以解释得更加完备，所以不要把包弼德的看法完全丢掉，虽然他写文章不够周延。

整理前代的文化经典

我们可以发现，宋人对唐代的理解和唐代本身对自己的理解，是两码事。打个比喻，宋人投射于唐代，等于是周人投射于夏代。宋人无视于五代那一段，把文化的祖宗设在唐代。实际上，宋人这种做法也不是新鲜事，唐人自己在南北朝一段混乱以后，也自以为是一个重新整理中国的时代，虽然唐朝统治

《唐宋之际"文"概念的演变》

摘要

吴立仁

1992年，Peter K. Bol（包弼德）出版 *This Culture of Ours: Intellectual Transitions in T'ang and Sung China*（《斯文：唐宋思想的转型》）。包氏把"斯文"翻译成"我们的文化"（This Culture of Ours）。此书中，"我们的"指的是作为社会精英的士人；至于"斯文"或"文"概念，包弼德理解成"文化"（culture），有时候又指"文学"（literature）、"经传典籍"（the textual traditions）。本文主要针对此书主标题，也就是"文"加以重新讨论。笔者认为，"六经之文"的重新出现，正是唐宋之际"文"概念演变中最要紧者。以形式而言，唐宋之际"六经之文"不谓多，但以精神而论，却是散见重要篇章，并形成一股重要的文化潮流。"六经之文"的重新出现，从历史解释来说，笔者称之为"古代家言"精神以新形式重新出现。古文取代骈文，作为文体创作与表达意见的主流，不仅仅是形式差异，背后其实是唐宋两代文人对"文"概念的分野。

阶层本身是一个混合的胡人家庭。这一点，可说是唐太宗的长处，他既有北周的府兵，亦即关中的旧族，也有东方的豪杰与南方的士大夫。唐朝自命要重振中国的过去，那就要重新整理经典，把长期散在各处的著述合并成“正义”。为什么韩文公要“文起八代之衰”？因为骈文没办法做论证。骈文是一大串的联想，每半个句子是一个典故，如此把一大串联想拼凑成一个印象，造成每一个印象都是间接的。韩文公不喜欢这种文体，因为没办法传达经典本身的意义。换句话说，韩文公的“文”，一方面是文体，另一方面是要重新找到经典本身的文本。

回头看看秦汉时期，也有类似现象。秦汉时，像董仲舒、司马迁都想要把之前的春秋、战国做个大整理。你报告中举司马迁的部分，有许多是阮芝生的想法，阮芝生偏好今文学派。今文学派本身，就是重新整理过去，但不像古文学派回到经典的原文，因此大都是整理叙述性、解释性的文本。像大部头的《礼记》，就是把所有的教材拼在一起。司马迁不赞成今文学派的做法，他那三句名言，把历史和今古的变化、宇宙的天人之际、百家之言综合联结在一起。他以史事来见史，以史事来见文化的发展。司马迁做的事和董仲舒类似，只不过他以实际的史事作背景，不做玄想，比董仲舒踏实。

宋朝因为是在唐朝衰微以后重新站起来，它站得不是很舒服。北方、南方都有一大块土地被占走，因而宋人只能强调文化上的延续和正统。等于是说，宋人把自己当作是唐代的延续，所以唐宋延续论不只是今天的课题而已。宋人既然要强调唐宋延续，这中间就会有宋人自己的投射。因为是投射，就要把唐朝另外摆个位置，这位置和唐人自己摆的不一样。宋人摆放唐朝的位置，就像近代欧洲历史上近代人将文艺复兴摆放到一个新位置一样。文艺复兴时代，它本身的自觉性没那么强，后来中间空了一大段，一直到启蒙运动时的人自认为是文艺复兴的接班人，才提升了文艺复兴的地位。宋人也一样，认为唐朝以后空了一大段，我们宋人接了下来，回到唐朝就是回到古典。

“文”的境界

你特别提到王通（584—617）这个人，很有意思。王通是个奇怪人物，据说当时几乎所有正反各派、各色的人都是他的学生，但为什么当时的人不认识这么一个伟大人物，反而是宋人对他的评价高呢？这是因为宋人投射的关系，倒不是因为他是初唐名诗人王勃（650—676）的祖父。王通的《文中子中说》这部书，不像《十三经》、《五经正义》那样谨慎、老老实实，此书气魄很宏伟，笼罩全局，企图要重新整理宇宙观、人生观，甚至要重新整理出一套文化秩序。因此，他一直要上接孟子“五百年必有王者兴”有圣人重复出现的这一套想法。后来的韩愈，也说自己要接古人绝学。这套观念，实际上是受到佛教影响。佛教的预言书《探玄记》里，曾提到有一系列大人物的出现。最后，宋人也承继这个精神，每一个都有为往圣继绝学的想法。

在这种背景之下，要解释唐宋“文”的演变，恐怕要把包弼德单单从文化的角度和你的“文以载道”观念，两者配合看。宋时的“文”，是一个载具，后面有“道”。道的真正启示，是从孟子到韩愈一个接着一个、一连串的人物。所以，张载的那四句话中，“为往圣继绝学”是重要的，因为这四分之一的论证，要贯穿另外那四分之三——为天地立心，为生民立命，为万世开太平。必须要先有“为往圣继绝学”，另外那三句话才写得下来。总之，你的这篇文章还可以扩充，可以做得更细密。

斯文的“文”，它的含意确实非常丰富。像“文质彬彬”、“郁郁乎文哉”等，这些“文”都不是只讲文章而已。文本来的意思，指虎身上的斑纹，是可以看得见的一个标志，所以文质彬彬，文和质来对比；郁郁文哉，是文和野之间的差别。文不单单是生活性、人类学里的“文化”，也不只是今天所谓“窄义文化”里面的经济等等，它整体表现在经典上面、在经世之学上面，是一种转换成“为生民立命”的境界。前述张载的这四句话，其实是替韩文公做注解的，为“道”的传承做注解。

历史性传记

接下来谈林同学的报告，你的题目本身蛮有意思。作为一个历史性的传记，陈天华是可以做的题目，可惜你谈得不是那么多。

用人物来反映一个时代，或把时代归结在一个人物身上，是历史性传记（historical biography）的重点。历史性传记，跟写墓志铭不一样，也跟写某人的行状不一样。近代史学里面，历史性传记做得最好的人是艾瑞克森，他开启了心理分析这一条路，你不自觉地走上这条路。艾瑞克森是心理医生，他是以心理分析师的身份来分析历史人物。你应该看看他写甘地、马丁·路德的名著，以及其他的合集和杂文。今天我们常讲的“卡里斯玛”，是他从韦伯的观念转化的；“认同”，也是他发明的，意即一个人把时代融化在自己里，或是一个人自己去认同一个时代。

你谈到当时的留日学生，有许多人口口声声喊革命，其实是想回去做官。你也谈到，中国的留日学生们遭遇到“取缔留学生条款事件”的冲击，在国将破家将亡、救亡图存的气氛之下，当时确实是个令人失望的大环境。但你单单只拿一篇绝命书做这个题目，略嫌不够。我的建议是，假如你能把陈天华的绝命书全文列为文章的第一段，然后一句一句来解释它，应该比你目前把它切断成一片片分散地描述更好。同样的，你也可以把文章中提到的谭嗣同（1865—1898）、姚宏业（1881—1906）、杨毓麟的绝命书并列在一起，反映出一个时代的悲观，或者悲壮。你更可以拉到“死谏”这两字上，因为中国读书人为了表示劝皇帝的认真，是可以不要命的。

《陈天华自杀事件时空背景探析》

摘要

林颖钰

以“陈天华自杀事件时空背景探析”为题，简略说明计划完成的论文。课堂报告分成三部分。第一部分先阐述题目的价值，认为陈天华在当时因为革命文宣《警世钟》、《猛回头》的创作而声名大噪，却在此时留书投海，死谏国民，对于晚清革命气氛影响很大。他的投海，一方面可以看出晚清革命党员的慷慨激情，一方面可以看出晚清湖南士人的精神样貌，是一个具有代表性的人物与事件。第二部分回顾相关二手研究，整理出现行研究解释陈天华自杀原因的三个类型与方向，分别是“为了取缔事件一时情绪激愤”、“长期精神萎靡悲观”、“徘徊改良与革命派之间矛盾”，并且一一提出笔者的观点与需要继续研究的理由。第三个部分讲述研究目的，期能从晚清湖南士人思想状况的脉络进入，一窥陈天华自杀与晚清湖南士人之间的关联性。

湖南人的自我期许

我刚才问你是不是湖南人，因为你在文章中特别标示出湖南人这一点。传统历史记载中，第一个死谏的正是湖南人——屈原。你文章中陈天华等三个湖南人，通通跳水自杀，只有谭嗣同死法不同。你想暗示湖南人有自杀的传统，或是想从湖南人对自己的抱负来理解陈天华的自杀，确实是可以这么讲，但也不能太勉强。梁任公曾说过：假如今天中国是希腊，湖南当作斯巴达；中国若是德意志，湖南当作普鲁士。湖南人确实是有其自我期许的地方，像湘军能以一隅之力，靠一些乡下土秀才振臂一呼，从数千人的一旅之师开始，克服那么大的一个变乱，最后连皇帝也不能不依赖它。但我要指出，湖南人的自我期许，跟湖南本身的地气、阴气、阳气等关系不大，而是刚好碰到曾国藩（1811—1872）这一批人。这批人又与岳麓书院、王夫之（1619—1692），以及当时国家处于危亡之际的时机有关。

湖南讲学之风很盛。其中，岳麓书院源远流长，是个很了不起的学堂。我曾讲过，我在岳麓书院讲演，当时中庭大堂上大概有七八百人，这些湖南的大学生、中学生从四方八面来听讲。湖南人向往当年朱熹和张栻在岳麓书院讲学的盛况，那种听讲者骑来的几百匹马把水池喝干了的盛况，才是湖南人自我期许心理状态的背景。

日本的自杀传统，和中国的死谏不一样。日本人自杀，有时候是为了悲凉，有时候是为了凄艳，不完全是为了无可奈何。一男一女，心中有情，私奔就好，干吗要跳海、跳富士山？那是为了凄艳，像作诗一样。著名作家三岛由纪夫（1925—1970），一心自杀，怕自己下不了手，还叫徒弟帮忙砍头。日本的武士靠自杀来解除耻辱，欧洲人则是靠决斗，方法不一样。欧洲人的决斗是神判，日本武士自杀是正正直直地到地狱里，并以此方式解除自己的羞辱。所以在日本，“自杀”是悲壮且正面的行为。若你能把湖南跟日本的自杀传统摆在一起，可以做出好文章来。

日本留学生的大环境

此外，再从中国在日本、欧洲、美国的留学生环境比较来看，留日学生的情况很不一样：一是留学生人数多，二是留学生集中，三是留学生不跟日本人在一起。当时，到日本留学，并不是真正的留学，只是“留在日本”上学。所谓的学校，很多是中国人出钱开的小私塾或军事学校，雇用日本的教授、教师来上课，学生人数二三十人或一两百人都有。像台湾高铁董事长殷琪的祖父，是黄兴（1874—1916）的朋友，就曾在日本办学堂，雇用日本退休的中校、上校讲课，替革命军训练军事干部。留日学生和到欧美留学的学生不一样，人数多，留学生社群又挤又密。他们带着辫子在街上走，常会被日本人和洋人笑，内心感到羞辱，却又不敢剪掉，因为上面又有朝廷的监督在。中国的失败、在日本受到的欺负，皆投射在他们身上，所以这一批人内心的压力极大，想自杀的，可能不止一个陈天华。

假如你要研究这个题目，我建议你用当时在日本出版的种种中文小刊物，以及革命党在日本彼此争权夺利的一些记载。如果你能读日文，也应找到当时日本报章上记载中国留日学生的报道。如此，你可以拼凑出一个非常紧张、强烈的环境。在这个环境里头的一些人，为了寻找自己的认同感，不得不采取激烈的行为。

照你讲，陈天华在革命党里已经有某种地位，但他却是一个敏感性格的人，一难过就倒在地上口吐白沫。你可以试着找出陈天华的成长过程，再看看是否与构成他这种紧张性格有关。是否是寡母之子，倒不一定是造成他紧张性格的原因。如果，你文章的主轴是以陈天华的紧张性格，处在一个压力度极大的环境，加上更大层次的国破家亡，这一切使他觉得自己没有能力去改变，而决定用一条命来造就英雄的形象，再以湖南、日本两种自杀的精神和传统作为旁证，你现在的文章，加上了这些元素后，一定会更有意思。

走艾瑞克森这条路，要小心一些，很容易走错。材料不够，或者误解材料，往往就错了。

中国私材料的局限

在台湾，历史学的分析做得相当不错，但对宏观的解释马马虎虎、不太够，对人物叙述的传记方面也相当空白，应该有人补这两方面的不足。《传记文学》上的传记，基本上都是自传或是帮朋友写的好人好事，每个人都希望说好话，不是真正的传记。假如你在这方面有兴趣的话，我希望你多花些力气，到医学院去学心理分析，绝对有用。当然，用中国史料做心理分析，跟用西方史料有很大差别。中国的私材料几乎不交代任何个人内心之事，而西方的书信、日记等私材料里会交代出来的。

我一辈子不记日记，因我写字比较困难，写信也是寥寥数语，现在则是靠打电话与朋友联络。如果有人要研究我，没私材料可以用。中国人基本上都像我一样，私材料不多。有写日记的人，如胡适之、吴稚晖（1865—1953），他们的日记都是存心写给别人看的，都不算是正规的私材料。所以，分析中国人的私材料，要相当仔细，要非常小心。胡适之先生的许多私人事，现在都找了出来，像他的情人有许多个，要加个 s，不过都是发乎情、止乎礼，蛮有意思的。他的表妹，到他死时都还在等他呢！

《晚清士人看待世界、认识世界的“舆地世界观”研究》摘要

黄士荣

本文主要探讨魏源、徐继畬等撰写介绍世界地处、西方大势的晚清士人们，到底是何种观点、何种地学理论，以及其所希望达到的目的,来进行此种“涉外地学”写作的。本文涉及以下几项问题：一、传统中国面临必须认识西方的时刻，是采取何种“世界观”；二、在晚清新的世界地理著作中，魏源、徐继畬等人真的只是“介绍世界”吗？三、魏源、徐继畬等“涉外地学”著作者的真实目的为何？

同心圆的世界观

再来谈一下黄同学关于舆地的报告。你用方位来讲，讲得很好。我们知道，中国将自己的形象投射在天地之“中”，不然就不叫中国了。中国在天地之中，首都在中原之中，王城在首都之中。所以，京戏《梅龙镇》里的凤姐问正德帝住哪里？他说：“大圈圈里边有个小圈圈，小圈圈里有个黄圈圈，黄圈圈里头还有个小黄圈圈，我住在那里。”这个同心圆中心的做法，就是中国的形象。到清初，天主教的教士要画万国舆图的时候，中国仍是依同心圆概念，位处地图中央。一直到现在，杜正胜还拿台湾作为同心圆的中心。今天我们常看到的大地图，由于是从东方角度来看的缘故，把夏威夷摆在中央，外面围绕着太平洋。

另一方面，西方人在近代称我们位处“远东”，他们的“东方”（Orient）是从苏伊士运河开始。“东方”这个字完全是从西方的立场来讲的，我们是被“Orient”的。就连“Asian”这个字，也是从Asian Minor演变而来。Asia本来是黑海边上的小半岛，跟希腊世界里其他的小半岛有着同等地位。我们因为在Asia的东边，就被叫作“亚洲人”（Asian）。我们是亚洲人，但跟印度人、阿拉伯人、蒙古人很不一样。所以说，西方人的这种方位，跟我们的同心圆一样，都是错误。过去，中国有了第一个错误，近代以来又有了第二个错误，虽然第二个错误是被动的，只是至今仍无法去掉这个错误。

回到历史。邹衍提到的九州，到底以哪里为中心？他说中国是九州之一，却从来没交代另外八州在哪里，我们在其他古代典籍中也没看见。

有人说，战国时代邹衍可能从印度的地理知识得来的启示。印度《大阿含经》里面的《长阿含经》讲四大部洲，包括东胜神洲、北俱卢洲、西牛贺洲、南赡部洲。这四大部洲是以喜马拉雅山，也就是须弥山，做中心的四个方向。印度人很公道，对四个部洲的风物都有所形容，形容它的人吃什么饭，长的样子漂不漂亮等。其中，对中国人蛮恭维的，说人物整齐，肤色也白白正正，吃的是稻米等，不过这是中国翻译过来的，不知是不是修改了一下。邹衍的说法和《长阿含经》很像，所以邹衍的说法可能是源自印度。后来的《西游记》，说孙悟空出生在东胜神洲，又跟邹衍讲的一样了。

中国的位置，不知怎么搞的，后来变成位于南赡部洲了。这个错误延续了很久很久，一直到我们家里烧纸给祖宗的时候，不写“中华民国”，写的是“南赡部洲中华民国”，不写邻里户家，写的是第几都、第几图——都、图是古代的说法。印度《长阿含经》里的南赡部洲，有太多的国家，战争不断，若这话是真实的，那么中国在这个洲里不太可信。西牛贺洲讲的是阿拉伯世界一直到欧洲，这一洲多货，尤其是宝货、宝石之类。此洲还有一多，就是多牛，从印度河往西确实有很大的畜牧地，牛群很多。

四大部洲就方位来讲：北俱卢洲是一广大的、平长的地方；东胜神洲是圆的；南赡部洲是个三角形，上面宽下面窄，跟印度很像；西牛贺洲是一个张开、扩大出去的三角形，东边小，西边大。假如站在喜马拉雅山上看，前述四个方位大致类似，北方是现在中国的地区，南方是印度次大陆，往西则越看越远扩大出去。只不过，俄国、北欧、非洲都不见了。我个人认为，印度这一方位的观念，可能在春秋时代，或更早一点，差不多公元前六七百年的时候就有了。假如说，这个观念一路传播到中国，使邹衍也有了这个观念，未尝不可能。它再度传入的时候，是在南朝，而《大阿含经》整体的翻译就更晚了。

这个外来的方位观念，改变了原来以中国为中心、我们在世界之中的想法，因为它是在一个大的坐标轴上定义位置。近代的徐继畬（1795—1873），就觉得不能再用中国中心论，但他仍要用中国人习惯的八卦来定坐标轴。中国的东南西北，本来就有其文化特性，包括人种的面相，什么地方人吃什么东西等等。像中国史书、职方志写到外国传时，都会把坐标联系到文化特性上去。所以，用八卦定坐标，也不算是新发明。好了，今天就讲到这里。

演讲一

历史上的知识分子及未来世界的知识分子*

* 本文为2006年11月29日于台湾大学应力所演讲厅讲演内容。

包（宗和）副校长、叶（德兰）教授、台大历史系的同仁及各位同学。包副校长介绍我时，我不免感慨。回头一想，我从台大历史系毕业五十三年，从硕士到现在也有五十年。1970 年代，我是在不得已的情况下，离开台湾到美国，因为当时有一股力量要把我们换掉，想想迄今已有三十多年了。如今，我每走过台大校园，常常感觉到树犹如此，人何以堪。以我今天七十七这个岁数，确实是要重新回想一下这辈子所做的事。

我一辈子做的事，就是读书与教书，想在知识这个非常宽大的海洋里，开拓自己的境界，整理已知的知识。数十年来，我始终在知识这个领域里挣扎，假如说“知识分子”是个志业的话，我可说终身投入了这个志业。我借今天这个机会，向母校的各位同学及师长，反省我自己的想法。讲题看来很啰唆，前半是谈以中国为主的历史，后半则是谈未来的展望及相关的难题。

古代的知识分子：从“巫”到“士”

什么是“知识分子”？知识分子指的就是中国常说的“读书人”，这种人不在具体的工具层面想问题，而是在原则与理论层面上想问题。

在新石器时代，就有这种人出现了。他们的原型（archetype）是巫和觋，“觋”是男巫，“巫”是女巫，简单说，都是通灵者。这些人除了打猎、捕鱼、采集果实、种植庄稼外，也许由于有特别的禀赋与志愿，他们会在观察之中钩玄提要，想到吃饱以外的事情，甚至自己也认为是通灵者。在人类文明初起阶段，世界各地区几乎都可以发现这种人的存在。

巫和觋这些人慢慢转移分化，成为第一阶段的知识分子。像中国的“祝、宗、卜、史”，即是掌管祭祀、占卜、记录之人。祝、宗、卜、史，从巫、觋这个专业阶层分化而来，他们可能是世俗性的，也可能是属灵的。商代卜辞中的国王顾问——“贞人”，就有卜史的性质，一方面替国王解释占卜得来的答案，另一方面会对自然现象提出理论。商代的贞人们，既解释人事，也解释自然。他们用占卜的结果，集合许多应验或不应验的经验，因而提升了智慧。《易经》里的卦辞，部分可能是源自卜辞，兼有历史现象，如：“帝乙归妹”，是说帝乙把他的妹妹嫁掉了；“小狐汔济，濡其尾”，是说小狐狸过河，尾巴湿了。这是历史事实，也是自然现象。

我在《西周史》一书中，讨论过周代“史”这个职务的各种各样分工，包括：记录员、历史的编撰者、规劝政府，显示周代单单从保管文字记录的“史”，已分化成更多的细项。这些从事“史”职务的人，从历史往事与人事现象中，归纳出许多原则。这些原则，不是为了专业实际的工具性，而是为了提升智慧的水平。他们从历史中找到一些道理，找出哪些政治现象会引发哪些后果。“史”这些人在《左传》中有史墨、史朝等，他们从知识中勾勒出许多智慧，做的已经远远超过专业技术性工作。这些提升知识到智慧的人物，成为中国历史上的第一批知识分子。

我并不是说古代史官都是这样，能够做到这部分的也不过就是少数几个人。换言之，史官也罢，占卜之人也罢，都会从实际现象中钩玄提要，把问题提升到一般的通则，作为大家思考的提示。聪明的人，常是在灾害没有出现以前就提出警告；笨的人，当灾害来临时还不相信警告者所说的话。学历史的人其实很悲苦，永远说些人家不爱听的话，几千年下来一直到今天亦复如此。

以上是中国的情形。世界上其他地区有没有类似的情况？事实上，重要的文明系统中都有类似情况。犹太教中有几类人有专业的意义，如《圣经》中称之为“法利赛人”(Pharisees)、“利未人”(Levite) 者，前者是律法师，后者是礼节师。这两个字的中文翻译，不应加“人”，加了“人”变成族群了。另外还有些人被称为“先知”(prophet)。伊斯兰教系统中的乌拉玛 (Ulama)，可称为“教士”、“教师”，权力很大，管理人生、指导政治、订出礼俗与法律。还有，印度教中的婆罗门 (Brahmana，指印度的祭师)，以及基督教、天主教系统中的天主教神父、基督教牧师、东正教僧侣等亦然。表面上，这些人的性质，都跟刚刚谈到的知识分子类似，但他们和政权的关系、和社会其他人的关系，在其各自的文明系统中都不太一样。也就是说，各个不同文明系统中的这些知识分子，有着类似的身份与角色，但他们在社会与政治相对关系的实际光谱上，却有着不同的位置，不能一概而论。今天的演讲，因限定在中国的知识分子，不细谈其他的文明。

接下来的春秋时代，礼坏乐崩，封建制度倒下，很多知识分子从“王官”被释放出来。当时，亡了一国，就有一批公务人员被释放出来；一个贵族的领地被占领，这个贵族的家属被灭掉，但贵族手下一大批祝、宗、卜、史会被释放出来。孔子（前552—前479）是其中之一，他本身虽没担任过祝、宗、卜、史这类职务，但他从许多掌握知识的人那里学到许多学问，成为当时著名的大学问家。孔子的弟子、同事，有很多是直接、间接从专业工作中被释放出来的人。这些人已不具备公务人员身份，不再由官方供养，为了重新获得长久扮演的角色，他们游离待雇，进而向世人提示所知所闻，警世告人。从春秋开始一直到秦汉，这些游离的知识分子，我们称他们为“士”。

知识分子的四种类型

北宋的张载（1020—1077），与王安石（1021—1086）同时代，他曾说过四句话：“为天地立心，为生民立命，为往圣继绝学，为万世开太平。”

这四句话可以说是对中国知识分子的期许，同时也是中国知识分子应有的四个方向或维度。我在这里稍做扭曲，将张载所说的这四个方向，转化成知识分子的四种类型。中国的知识分子，大致离不开这四种类型，而且这四种类型之间可以互通：有的人兼顾两个类型，甚至更多；有的人只在一种类型中做得很好，却顾不到其他方面；绝大多数的人属于某种类型，但未必符合他对自己的期许，更不要说别人对他的期许。

第一类是“为天地立心”，也就是解释自然现象和宇宙意义，包括生命的意义、古往今来的意义等。张载说：天地本来无“心”，要人给它立个“心”。广大空间为“宇”，无时无往为“宙”，人去解释宇宙，这属于理念的维度。所以，这一类型的知识分子是理念上的哲学家。

“为生民立命”，属于实践的维度。我把它扭曲解释成为一般人寻求他们生命的存在。这一类型的知识分子，是把理念付诸实践的执行者，也许是官员，也许是社会领袖。

“为往圣继绝学”，也属于实践的维度。他们想办法扩大并传承所学，总盼望后来的人能学得比自己更好。每一个教书的人，都希望自己学生学得比自己更好，就属于这一类型。

“为万世开太平”，属于理念的维度。我扭曲解释说，这类型知识分子能提出一个理想境界——理想的社会、理想的生活或理想的人生态度，盼大家往那个方向走，并且用这些理想来针砭、批判、矫正眼前所见不合理的地方。假如没有长远的理想目标，我们永远不知道自己是不是做得很好，也许就糊糊涂涂过了一辈子。当有一个理想境界悬在那里时，我们才知道距离理想境界还有多远。这个类型的知识分子，可以是革命者，想把现有的秩序推翻，朝理想方向走去；也可以是改革者，认为现在不符合理想，订个方向一步步改好它。这些人无论做得好坏，其主要动力是把人类推向更好的境界去。而“更好”两个字，可以是吃得更饱或活得更快乐，当然有各种不同的定义。

秦汉以后，政府的文官系统基本上是以读书人为最主要的来源。偶尔有些征服王朝，会以马上英雄作为干部，但最常见的仍是以读书人担任文官。这些文官可列入“为生民立命”的类型中。至于董仲舒（前179—前104），可列为“为天地立心”型，其天人感应系统是把当时所知的各种知识，归纳成博大复杂、几乎无所不包的解释哲学。这一系统的解释哲学，可批判之处很多，但董仲舒的努力在当时是史无前例的。之前，也有《吕氏春秋》、《淮南子》做过类似的解释工作，但规模之庞大，涵盖面之广泛，都没有超过董仲舒。当时《礼记》的“大同篇”，提出一个理想的世界：“大道之行也，天下为公。”这一境界，到今天还是做不到。几千来年，许多人打着“天下为公”的旗号，做着“天下为私”的事情。《礼运·大同》这一章，就是我刚刚在第四个类型中谈到的理想境界。除了《礼运·大同》，也有如“桃花源”等其他的理想世界。不论从大社会或从小社区，我们都曾经有个理想的境界悬在那里。

努力寻求、实现上面所提的四个维度，是知识分子自我期许的常态。有人努力于哲学的思考；有人在文官系统工作，作为“良吏”；有人在教学方面努力，作为“良师”；也有人想建设大同世界、桃花源。几千年来，中国的知识分子基本上是在这几个维度里努力着。

变局下知识分子努力的目标

凡是时势比较好的时候，例如开国之初，有些知识分子会努力于全盘性讨论，会投入解释新秩序，如董仲舒一类人物即是有理想志业的第一类知识分子。另一方面，凡是碰到困难或挑战时，第四类知识分子出现抗议的最多，如东汉及晚明。东汉的读书人把儒家悬为理想，针砭政治的败坏、权力结构的腐败、皇权无限的膨胀、宦官挟皇权的作威作福，于是他们形成抗议运动，成千成万的学者投入其中，却都被禁锢——即历史上的两次“党锢之祸”。明朝的东林党也一样，一般读书人陶醉在科举制度下，只想过自己的生活，却有另一批人悬着儒家的理想，针砭当世，起来抗议政治败坏，百死不辞。

当其他文化系统进入中国时，中国的知识分子也会提出一些新想法做回应。汉末到南朝，佛教进入中国，挑战了中国原有的文化系统，读书人发现中国习惯的王朝制度有说不通的地方，董仲舒那套也有许多问题，不能自圆其说。于是，大家不断进行讨论：灵魂是灭还是不灭？精神是存在还是不存在？一个出家人既然已经出家了，是不是要向俗世君王敬礼？俗世君王可不可以统治不属于其统治范围的出家人？这种情形，就是当一个已经固定了的大系统，碰到外面的挑战时，许多读书人会投入其中，参加辩论，去做这一非做不可的事情。

又如，唐朝初年，贞观、武则天时代一直到开元，政治清明，对外接触也非常多，老百姓过得不错。正如杜甫（712—770）的咏叹，说人民富足，远游不必带粮食，也没有安全问题。但是“渔阳鼙鼓动地来”，霓裳羽衣也就必须停下了，从此唐朝一落千丈。等到唐朝稍微安定下来，韩愈（768—824）就开始讨论人生还有没有更重要的事，政治之外究竟有没有更高的境界？这一波讨论，一直延续到南宋。唐宋的学者，建构了一个伟大的思想体系，即后来中国的理学。南宋朱熹（1130—1200）和明代王阳明（1472—1528），又把韩愈的系统加以重组，其中王阳明将中国思想体系重组成为一个精密的唯心论。从董仲舒到王阳明，可看出许多中国的知识分子在理念的维度中的不断努力。

在文官系统中做事，有没有好的人？历史上确实是有不少人宁可丢官，也要为老百姓做事。有很多读书人为官，成了“劳臣”，一辈子辛辛苦苦，只为完成任务。远的不说，就以我家迁到无锡去的祖先为例：他做了一辈子苦官，哪里有水灾、旱灾，就被派到哪里去。他以七十二岁高龄，在三伏天的淮河流域，踩在水里督导修堤，回到岸上还要放粮赈救灾民。他从二十五岁到七十二岁，辛辛苦苦一直工作到死前一个月。他官位不算大，但一辈子做了他该做的事，死后不过得到“国之劳臣”四个字。历史上冒死谏诤的谏官也很多。劳臣、苦官、谏官，都是文官系统中“为生民立命”的人。

至于教书的，那就更多了，很多三家村学究教出了无数的好学者，许多平凡的私塾老师教出第一等视野的人物。曾国藩的老师没什么名气，就属这一类人物。

因此，我说前述的这四个方向或维度，是中国读书人努力的目标。

为时代提出新解释

在王阳明提出新的思想方向后，有人又提出翻覆前面大系统的思想方向。如李贽（1527—1602），提出高度的个人主义，基本上与儒家的群体结构主义相悖反。又如王艮（1483—1541），提出理想社区，是社区共产社会，也与古来中国人想到的大同世界并不完全吻合。再如黄宗羲（1610—1695），在《明夷待访录》中提出来的想法，根本就是改革制度，皇帝不必管事情，同时也设想了一个以读书人为主体的民间议会（学校），由议会决定政务，所有的诸侯与地方官员要听议会的话。这里提出的三个人，都出现于明朝末年。

到了清代后期，中国面临更为庞大的西方挑战。之前，中国曾经碰过许多挑战，有来自北方的武力挑战，有来自西方、南方和中亚的启示性宗教或印度宗教的思想挑战。此外，也不断有不同的经济体系引进来的物品与物产，造成经济上的挑战，像明朝晚期对外的贸易，就使明朝经济形态产生了巨大改变。但这些挑战，都不如中国在19世纪以后所面临的大挑战。一直到今天，我们还没有完全度过这个大挑战。

面对这个大挑战，我们可以看一下知识分子的几个态度：第一，康有为（1858—1927）的托古改制，并不是要回到古代，而是对现实激烈的回应。他的《大同书》世界，其实有相当的革命性。第二，张之洞（1837—1909）的“中学为体、西学为用”，是要调和里外。第三，孙中山（1866—1925）的“三民主义”，其政治理论综合了中西特色。我自己从未上过“三民主义”课，当我进大学时，当局曾经下令大学不必读“三民主义”。长久以来，我们把三民主义当成官学，有点看不起它。现在回头想想，其实“三民主义”有些颇不错的观念，基本上比康有为与张之洞的观念要好，尤其是有考试、监察两权的“五权制衡”。中国的文官制度，以管理系统论，相当了不起。中国的管理系统，有两件事是西方的文官系统、公司结构到今天都还没做到，那就是：一、晋用人才的客观性，二、执行阶段中不断考核。我在读历史之余，有时替管理学院讲讲课，并将讲演的记录出了几本管理学的小书，书中我特别提到中国的文官制度有相当特别之处，孙中山就能觉察这一点。

全盘西化的胜利

上面谈到的知识分子，或是为时代提出新的解释，或是提出未来的理想世界，但等到五四以后，反而是以提倡全盘西化的这批知识分子得胜。五四人物和共产党当政以前的左派马列人物，基本上都是要把西方的一套系统全盘端进来。实际上，这两批人物都是“intelligentsia”，不是“intellectuals”。所谓“intellectuals”，是指那些在本社会、本系统之内，或做解释工作，或悬挂理想，或做良师、良吏的知识分子；而intelligentsia只是知识分子中的某一些人，他们夹在原有文化与外来文化之间，有些人意图将另一个文化整盘端进来，从那个花盆移植到这个花盆，从那一土壤移植到这一土壤。Intelligentsia原本指当年东欧学习法国的人士，例如波兰曾有一些人要全盘学习法国；彼得大帝（1672—1725）以后，有一大批intelligentsia出现，一如俄国小说《罗亭》（*Rudin*）中所描述。这些intelligentsia用心真诚，希望转眼就改革成功，但他们通常面临的情况是外来事务与本地土壤不适合，端进来的东西不是削足适履，就是必须改变土壤，而不是改植物。改植物，是橘移淮为枳；改土壤，就是彻底把土壤改过来。

日本明治以后，也有一些维新人士带着像烟囱一样高的帽子，学跳舞，没有女伴时就两个男人听着西洋音乐跳舞。日本汉字本来的词汇，也硬要找个西方词汇代替它。日本的“饭”，有两种字，一是本来的汉字，一是“rice”。这都是intelligentsia搬运的现象，但整体来说，日本是家里的部分不改，外面的才改，例如日本人在外面是小职员主义，以下午五点钟为界，必须喝两杯酒才能跨过这界线，转成在家里的日本大男人主义。

当今课题之一：如何转变成新的知识分子

如何从intelligentsia转变成新的intellectuals？这是我们今天面对的严峻课题。

从全盘接受西方文化到今天，中国知识分子的四个维度，基本上都有了相当大的缺失。严格说来，我和在座的每一位，或多或少都是intelligentsia。一百年下来，我们还处于移植阶段，没有真正主动地标悬一个理想境界，整理出一套涵盖中西与人类的大系统。我们没有想想搬进来的法律与自己的社会之间是否脱钩。最近大家在报纸上、电视上看到种种官司，就会发现一般人的常识判断与法律条文之间，以及当为与不当为之间，常常不符合。

有几位我非常钦佩的老师，不欣赏中国戏曲（例如京剧、昆曲），也不愿读中国小说。比如，胡适之（1891—1962）

先生热心改造，却没有认真地推敲中国文化资源何在。他似乎并不了解中国小说，也把小说定义得太窄了。虽然我对胡先生以及师辈们心存感激，但为学术良心，还是必须把问题指出来。

我们这一代，对西方文化资源有没有更深入的理解？似乎也没有。很多与我同辈的学者，包括我在内，对西方文化资源都没有足够的认识，也没有认真去思考过。太多西方文化的拥护者与批判者，其实都不十分理解西方文明的来龙去脉；太多介绍西方学派和理论的人，其实没有理解这些不同学派间的渊源与分合转变。以教书而言，我们都在介绍一鳞半爪，并没有追踪到基督教、希腊、罗马，更不用说埃及、两河与日耳曼传统。我们也没仔细推敲“后现代”何以是“后现代”，它有多少来源？有没有想到“解构”到底解的是什么样的“构”？“解构”的动机在哪里？如果对中国与西方文化资源这两个课题，我们没有真正认真的思考与整理，那表示我们还没有转化成为新的知识分子。

当今课题之二：只有专家没有知识分子

更大的难题是，我们面临的今日世界只有专家，没有知识分子。

以美国的学术界和同时代的欧洲学术界相比，美国学术界缺少知识分子。美国的知识分子是在作家、记者与文化人之中，不在堂堂学府之内。学府里只见专业教师、专业研究者，他们只问小课题，不问大问题，也很少有人批判、针砭当代，更未标悬一个未来该有的境界。他们只看见保守与自由的对抗，却不再提问"自由"该如何重新界定。

一个医生在他专业的领域里，可以不自觉地做个好人与好医生，却没有自觉地去追问什么是"专业伦理"，去追问医药资源的分配合理与否，是不是偏向有钱人。在美国，目前开始有些人在做这事情，医学院里逐渐有"medical ethics"这门课。我的侄女嫁给一个医生，他现在不行医，改读人类学了。同样的，在台湾有没有人问医药伦理这方面的问题？很少人。除医药专业这一行外，还有其他太多太多的专业，但它们的专业伦理在哪里？经济学家的设想，是为了全民的均富，还是只为让富人更富？法律专家的思考，是为了保护全民的财产，还是只为保护富人的财产？今天一个个科学实验室，已成为一个个小的创收基地，人们只从创收着想。在台湾，我们有没有把"专业伦理"纳入"国科会"的评审条件内？"国科会"的问卷会问你"有没有专利权"，这对学人文的人而言，是啼笑皆非之事，因为问这个问题就是鼓励创收。

全球正经历巨大转变，知识已成为商品。像药学就是重要的商品，因为原料太便宜，卖的价格却又太贵。我每天晚上滴一滴的眼药水，这么小瓶，价格二十五块美金，里面百分之九十八是水，百分之二是药。二十五块美金的价格如何来的？里面有二十四块九毛九被实验室赚走。

知识已成为商品，也已成为权力的来源，掌握知识的人操纵市场。新的婆罗门阶级正在出现。印度文明中，婆罗门以他们的知识占有一切特权，他们是贵种，其他人则是贱种。婆罗门最后是和拿刀拿剑的武士（刹帝利，Kṣhatriya）合作，即知识与权力的结合。在今天，我们的“国王”是那些财富多的人，人人都向财富低头。在这种情况下，我们只有专家，没有知识分子。

对年轻朋友的期许

未来的世界，工具性的理性或许可以发展到极致，但其目的与意义却没有人问。未来的世界，颠覆文化的人很多，却没有文化的承载者。知识分子还有没有张载所期许的那四个志业？

过了七十岁以后，凡是公开演讲，我都当作最后一次。今天的谈话，我心情非常沉重。在美国以及大陆、台湾看到的种种，使我痛感事情的严重性。当然我不希望这是我最后一次演讲，盼望明年有机会能再次和大家同堂。如果明年不幸无法见到各位，希望年轻的朋友们愿意做傻瓜，承担痛苦，抗拒财富与权力诱惑。这就是我在母校努力的心愿，谢谢大家！

提问与回答

包副校长：现在开放提问，机会非常难得。大家有什么问题，现在可以提出来。提问的时候，简单说一下你的学系。

问：许教授，很抱歉，来迟了点。我是公卫学院的金传春教授。知识分子有不同的年龄层或不同经历，张载所讲的知识分子四个维度，“为天地立心”蛮难的，“为生民立命”也蛮难的，“为往圣继绝学”，五十岁以后才可能做得到，“为万世开太平”更难，也不是一个人的力量可以达到。古代中国知识分子的理想太高，而太高的理想反而缺少实务上可以达到的做法。请问，现在的知识分子应该怎么做，才可以切实地达到这四个维度？

许：谢谢你，金教授。离上回谈话，已经久违了。

我想你确实晚了点进来，没有听到我的开场白，尤其我特别说明我是刻意扭曲张载的那四句话，把这四个维度说成四个类型。我说过，很少有人能做满四个类型，一个人做好一个类型就已经很好了。一个人要做到怎样的地步才算好？这要依他的机缘、才力等种种条件而定，虽不能至，心向往之。至少我们可以找一个类型来做，能够做多少事情算多少，如此而已。

知识分子的这四个类型或维度，分别是哲学家、实践的服务者、知识的传授者、理想境界的建构者。历史上，几乎不见全包四类的人物，我们凡夫俗子怎么可能全挑？孔夫子也未必全包四项，他在良师这个类型里做得很好，但做官大概不会很好。我并不是要拿张载的话批判每一个人，要求每个人都做到这四个类型，而是说每一个人从四种类型里选一项，然后尽力以赴。

我自己选的是做老师这一行，能不能为往圣继绝学，我不知道，但我尽心尽力做个文化的承载者。我的老师给我多少，我把它发挥得再多一点，传给下一代的学生，能够做多少就做多少。我从三十二岁开始教书，到今天教了四十多年，我没办法说自己是很好的老师，但我尽力在做。至于针砭社会，是我另外期许自己要做的事。我一辈子的另一个副业，就是替报纸写文章。2005 年的圣诞节，我决定停写了，接下来的世界是年轻人的，我离它太远了。人离世太远时，说的话可能会远离现实、不切实际。一个七十多岁的老头如我，一大半身体已离开这社会，因此从 2005 年起，我就停止写专栏。在四个类型的工作里，我挑选了两个去做，如果今天我给自己打分数，恐怕连五十分都达不到，但限于我个人的才力，也只能如此。

教书这一行，当年我非常盼望在台大一辈子教下去。但 1970 年代，环境不容许我教下去，只好走开。走开之后，我不是不想再回来教，总有种种因素牵绊着，只好在外面东飘西荡。我的意思是，一个人喜欢做的事情和真能做到的事情并不一致，有种种局限。我完全同意你的话，人生高标境界其实难达到，但我们应心向往之，虽不能至，还是应悬在那里。自己做不到，可以告诉机缘更好、才力更高的下一代去努力。告诉他们："你能做得更好，你该接下棒子。"我刚刚讲了差不多一小时的话，只讲了不到半打的历史人物，可见历史上见于记载的也不过就是几个人而已。我们怎能盼望学府里面与外面的人都能做到？所以，要悬一个高远的境界，当作向往的目标。做事情则要踏踏实实，一步一步做，量力而行，尽力而为。量力是衡断自己的力量，尽力是努力去做。还有没有问题？

包副校长：金教授是公卫学院的老师，她对于人文方面非常关心。高研院就是希望多做些人文社会科学与自然科学之间的对话。金教授本身也有相当的人文关怀。好，我们继续，请提问。

问：我是费曼科普读书会的约瑟。很不好意思被许教授说中，我读许教授的书也是从管理学那边开始看的。上个月，我向一个俄罗斯教授发问时，引用彼得·德鲁克（Peter Drucker，1909—2005）的话，"改变世界的不是科学，而是科技"。结果这位俄罗斯教授引用孔夫子"登高必自卑，行远必自迩"回答，吓了我一跳。很多人都认为古希腊罗马、柏拉图的政治学之类的知识是世界公产，所以当我在英国发现西方文官制度是中国式的时候，反而会吓一跳。像这些移植的东西，因为年代久远，感觉就好像原生的一样。请问，这些制度的移植，有没有什么方法可以提供给我们参考？谢谢。

许：制度移植没有完全不变的，因为制度本身在原有的土壤上也会改变。你刚刚讲的中国文官制度本身，就有过很多的转折和不断的修改。中国文官制度是经由阿拉伯世界，先到地中海的几个城市后，再移植到英国的。换言之，英国雇用文员的考试和审核制度，是从阿拉伯世界传过去的，而第一个接受者是英国东印度公司（British East India Company）。

东印度公司原是私家公司，因此它的职员没有中国士大夫对社会那么大的影响力。中国的知识分子有士大夫精神，一些人在外面批判政府，不肯参加文官制度；一些人做官，但在体制内做矫正者、抗议者，进退自有原则，该离开时离开，该抗议时抗议。这种士大夫精神，不但东印度公司没有，英国政府的文官制度也没有。英国的文官制度是专业者（professional），新加坡的文官也是，效率高、清廉度第一，但是没有士大夫精神。就某方面来说，中国的知识分子和皇帝共天下，有相当大的一批官员实际上是向皇权投降。但另一方面，也有一大批知识分子选择抗争。因此，中国的知识分子有清流、浊流之争，在朝、在野之争，和皇权的关系是亦分亦合，亦敌亦友，既合作又抗争，双方的紧张（tension）

一直存在。中国的文官制度，也曾移植到日本去。日本把整个唐朝的东西都搬过去了，一切惟妙惟肖，很多名称一样，但日本没有科举，也没有中国的谏官制度，因此日本的文官也是从属于政权，并不是独立的专业人员。

许多移植过的制度和原来的制度不会一样。刚刚讲的文官制度，中国文官有管皇帝的人——言官、谏官，但美国或英国的文官系统都没有常设的监察权。例如，美国总统尼克松（Richard Nixon，1913—1994）出了事情，找不到人来管他，国会只好临时通过个法律，任命特定检察官来管总统。股份公司是我们从西方资本主义社会移植过来的制度，看看今天各大小公司的信封或名片，都写着股份有限公司，但实质一问，绝大多数是家庭企业，既非股份，也非有限。它们虽登记为股份有限公司，但权力结构、股权掌握，完全不是那回事。另如股票市场，在西方是一回事，在台湾是另一回事，我们的股票市场像赌场，与其原义不同。股票市场规定不许内线买卖，违规者要判十年徒刑，走漏消息也要坐牢，但在台湾就可以做，如“第一家庭”。股市是资本主义市场合理性的一部分，但它本身在美国也正在败坏之中，如安然（Enron）公司出问题被判刑。

问：21 世纪是资讯时代。我最近碰到一位诺贝尔奖得主，问他：在资讯的时代，胜者全拿（winner takes all），但这会面临结构性的问题，那就是 M 型的社会现象，也就是中产阶级不见了。我们会不会回到类似西方的中世纪？只有贵族与奴隶，武士是贵族的打手。您觉得应该怎样面对 M 型社会这个问题？

许：这的确是极大的危机。资讯社会有资讯公开的好处，但资讯公开后被什么人掌握，以及他们怎么用资讯，则是另一回事。由于资讯流动没有限制，人也跟着流动，使人跟人之间的关系改变了，每个人都是孤立的。当我们变成孤立的群众，自然对抗不了掌握资讯的团体。再说，我们已身在消费的社会，消费的社会是希望你用得愈多愈好，如电脑的软件、硬件几年就需要换一次，一换就整个报废，不报废则微软没钱赚。Linux 一大群人，天天跟微软奋斗，还是敌不过，就因为微软的力量大，许多个别的用户没法去对抗它。消费社会的后果是，快速消费掉人类能用的所有资源，不管是天然资源，还是人类脑力的资源。

如今，我们都面临零碎化，变成散的、一个个无助的个人。这会引发种种问题，例如，自由的意义要如何界定？我们都很自由，没人能管你，但却是漂浮的，也是寂寞的。还有许多有待界定的观念，譬如认同（identity），一个人有多重多面的认同，哪一个才是真的？戴上一个面具是一个角色，戴上另一个面具又是另一角色，面对不同人时，有不同的身份与角色。每个人既孤立又有许多面貌，那我要如何认识这个人，如何跟他交流？

我们看见的是一个美好的新世界，还是一个险象四伏的新世界？面对这逼人而来的情势，我们必须想想。如今，每当我一想到这问题时，背上一身冷汗。从一万多年前，人类开始知道种植、畜牧以来，从没有过现在这么大的危机。将来，或许会有更大危机的来临，譬如一个小彗星、小行星撞到地球来。可是目前的危机，有点像是人为的解体、社会的内耗，而我们已经看到它过来的身影，听到它脚步的声音。因此，这几年来，一有机会，我就提出这类的问题，要大家注意。

前天，我收到一封电子邮件，是朋友看了后很气愤转寄来的一篇文章。这篇文章的内容，是美国共和党期中选举募款会上一位捐款人的发言。这个有钱人骂民主党说："民主党没有资格讲公平，我做的就是最公平的事。我有本事赚你的钱，就是公平；我有本事把你弄得赤贫，就是公平。这是丛林法则，从古到今，老虎吃羊就是这样。我是老虎，你是羊，谁叫你自愿做羊呢？我选择做老虎，就是我的公道。"这个富人的新伦理，竟然在捐款会上由富人自己公然提出来，并见诸报章。我的朋友看了，气得发昏，发了一百封信，把这篇文章传给许多人。这件事告诉我们，大家不应只迷迷糊糊在专业的圈子里过日子，必须要重新问一问许多一向被认为是理所当然的事情。例如，人本身的定义是什么？人生的价值在哪里？什么样的群体组合比较合理？合理的"理"字在哪里？公平，是谁的公平？是起跑点的公平，还是终点的公平？这许多问题，人文学科与社会学科的同仁必须一同去想、去回答。这些问题的重要性，超越同仁们今天发表两篇或是三篇文章，也超越在 SSCI 上面得到的数目字。

问：我是黄启江，在美国教书，来台大访问，非常高兴有机会听到许院士的演讲。我向许院士请教的是，讲题“历史上的知识分子及未来世界的知识分子”中，两者的关系是对立还是承继？另外，中国历史上的知识分子，特别是在文官制度里的人，虽有谏官，但也有许多人没什么灵魂。春秋时的孔子与很多知识分子都批评过当政者。西方也一样，文官制度里的人，通常都不是那些可以称为合格知识分子的人物。张载那四个维度，是不是因为进入文官考试制度的人都没做到，他才提出来？

许：我说过，我稍微扭曲了张载的话。张载“为生民立命”的“命”，不是过日子的“命”，而是另外一套，此刻不去讨论。知识分子这四个类型，只要有一个人在一个类型中尽到力，这个类型就存在。中国的文官官员，有很多只怕底子不红，不怕良心不黑，而且这种人绝对超过大半数，但毕竟有些人确实在做事，只要有若干人在，典型就存在。中国知识分子这四个类型所涵盖的面，在世界其他文明系统中确实罕见。犹太从以赛亚（Isaiah）以下的先知，是针砭批判者；律法师则是服务的人，他们没有理想国，因理想国是上帝的事情。犹太教的继承者——基督教，其理想国一直要到托马斯·莫尔（Thomas More，1478—1535）才写出来。耶稣基督与使徒们提出来的理想国，和犹太族群为上帝选民的说法相悖，但等到基督教成为大的教会后，也没有人再提理想国了。一直要到启蒙时代，世俗世界提出新的境界，才有一波又一波的革命。我认为，犹太基督传统中，因受神学约束，理想国和宏观宇宙解释这两部分确实是比较少。当然，现在有很多大学，在神学大圈圈里做了很大的改变，但上面一神信仰的铁帽子框在那里，仍脱不出去。东正教的僧侣是俄国的官员，很多东正教官员比贵族、武士们要高明得多，但是刚刚讲的几个境界，东正教的僧侣几乎都缺少。伊斯兰的教士，站在教内批判政权，甚至主导政权，权力比中国儒家文官的影响还大。今天伊朗的教士会议，可以否决宪法，但这种权力是为了维护其宇宙解释系统，他们不在乎未来理想，也不在乎服务人民。“继绝学”，他们绝对有，但不容许背反。

我借张载的四句话，作为培植全球文化知识分子努力的四个方向。不只是文官，今天社会上的文化界、舆论界人物，甚至文学人、艺术人，都可以参加这个工作。将来知识分子努力工作的方向，至少有四个，甚至更多，参与的人也不止于“读书人”，范围宽得多。我们要认真地去找这些工作，自觉地去挑这担子。

问：我是大学部的学生，对政治不很了解，我的感觉是现在台湾并没有一个很明确的制衡力量。西方社会，例如英国，有很强大的学术力量或反对力量，可是在台湾，这力量很不一样。我好奇的是，是民族性的原因，还是以前的政治影响，让台湾的制衡力量不见了？

许：这是个很现实的问题。我不愿意用“民族性”三个字，因为“民族性”有推诿的功效，把问题推到一个无法解释的事情上。我觉得台湾今天的现象，跟美国或全世界很多地方一样，是民主政治制度的内涵与内容严重衰退，我称之为“庸俗化”。

民主政治里，除了代表一部分人群及其利益的政党人物，另外也应有一种思考问题的意见领袖（opinion makers）。政党人物与意见领袖，都是专业的政治人物，他们有一定的训练，有一定的稳定性。他们先思考问题，再把问题抛给大众，以政党的政见向选民投标，然后由人民选择。人民做选择时，是以自己的利益与福祉来做衡量标准。媒体，则是讨论问题的论坛。在台湾，政党操作情绪，不谈政见；读者也不用媒体来讨论意见，媒体则跟着读者降低品质，渐渐失去论坛的功能。台湾有些报纸，一张照片占三分之二页，就是因为读者不读文字。另外，台湾特殊的地方，是有族群、语言群、主体性等先设的立场。当这些名词一出现，所有其他的考虑都靠边站，人民做选择时不考虑政策的好坏，而是考虑到候选人讲什么话，代表什么人。这时，人民的选择是不理性的，是情绪化的。台湾民主的坏，就坏在大家凭情绪和凭自己预设的立场去投票，政客们更是变本加厉操弄其间。前一阵子，看公视台北“市长”的辩论会，那根本不是辩论，三个辩论者都该打不及格的分数，年轻学生讲得都比他们高明些。

美国也有同样的问题，那就是意见领袖愈来愈少。我在1957年刚到美国留学的时候，最常见的就是某地区某家的老太太，热心公益，在菜场贴个小公告，说我家几点到几点喝咖啡。她的朋友去了后，就开始讨论问题，讨论不得要领时，再找个专家去讨论，以形成他们的意见。谁是共和党，谁是民主党，大家都很清楚，知道喝咖啡时应去谁家喝。这种情形，在今天的美国城市里已看不见了，如今大家意见分界得非常激烈，见了面都说不要谈政治，只谈天气。后来，大家也不能谈天气，因为天气好共和党才愿意去投票，天气不好民主党还是愿意去投票，既然天气好坏和共和党、民主党的利益有关，所以大家最后连天气也不能谈。这都是民主政治制度庸俗化的后果，而政客也有意在操弄庸俗，愈庸俗对政客愈有利。布什（G. W. Bush）是最大的庸俗者，阿扁只是小布什而已，小巫见大巫。如何去改变？一个人改变不了，但是如果我们一群人在投票时讨论讨论，便可以讨论哪些政治人物预设的立场有多少合理性，讨论哪些政治人物真正值得我们选贤与能。

问：我是历史系大学部的学生，对中国传统文化有浓厚兴趣，可是令我感到困惑的是，当我放下书本看到实际生活的时候，不论遇到的人或事，似乎都显现不出文化传统的脉络。当传统的文化遇到现代化的文化冲击时，是不是都变得如此脆弱，不堪一击？传统文化要如何去面对现代化与世界化潮流体系的冲击？

许：你所见的今天，是不是你所读到的传统中国？这可是个大问题，因为中国近代的精英，绝大部分是西化的精英。中国真正深层的文化传承，到哪里才看得见？我学考古学，常去考古遗址，曾连着十年跑穷乡僻壤，前几年我才跑不动了。中国文化的深厚土壤，就在这些穷乡僻壤里。在穷乡僻壤，可以看见最丑恶和最叫人感动的东西，只是平常大家不去看或看不见。其中，最叫我感动的深层文化，是我在山西所见，窑洞里一家人的举止应对，无不得体。

今天的台湾，经过好多重的变化之后，离传统中国有相当大的距离。在这里，中国文化的深层部分从开头就没有移植得很透，又在一步步的转变中不断被伤害，弄得所剩无几。今天的大陆，亦复如此，沿海城市已经都西化了。

台湾展览、演出的文化活动很多，但是对观众、听众做认真阐释和讨论的几乎没有。举个例子说，我在美国住的城市里有个歌剧院，歌剧院常常客满，但年年亏本，因为它花费太大。歌剧演出有季节，演出之后会有无数的大、小讨论会，讨论演出的经过，也讨论某一场音乐、某一场故事。在台湾，我没看见这些。只有一次让我很感动，那是我陪白先勇推广昆曲时，他生病了，找我做他的帮手，当时新舞台里面八百人，外面两百人，令我相当感动。但我相信那是白先勇的号召力，不是昆曲本身。白先勇叫大家看《牡丹亭》、《长生殿》，看的观众有没有讨论音乐与文学价值之间是怎样勾连起来？很少，很少。

再以小说论，传统古典小说《红楼梦》，今天有几个人不单单是看了书，而且还会找一群人抬杠抬到半夜三更？又如，自己看了一本好书，是否可以抓一群朋友讨论。我高中时，同班同学为了屠格涅夫（Ivan Sergeyevich Turgenev，1818—1883）小说中“罗亭”这角色，分成好几群对吵，吵了好几个月，大家都拿“罗亭”当镜子来反映自己。今天的高中生看不看这类小说？会不会把它当镜子照见自己，以显出自己的苍白、肤浅？那时我们苦苦争辩，吵得发昏，直到几十年后的今天，我还把小说的这个角色记得清清楚楚。

总之，台湾有文化活动，但都太过商业化、庸俗化。台湾并不真正具有文化本身孕养、成熟的环境。多少年来，台湾富足了，富足之后，应当教之，但我们没有做到。我们教育制度上有个大缺陷，就是太看重考试，只为考试过关，而没有培育养成一个人对自己四周事务的关怀、欣赏与批判。这部分，不单单是历史教育要负责任，所有各行各业、各层各级都要负责任。我希望大家共同从这方面努力，很多事应先从周边做起，这是可以做到的。

问：请问许教授，我们有什么优势是承接文化而来？

许：我们有优势，也有弱势。从中国历史上来讲，优势就是读书人本身一直有的自我期许。这一点，今天的美国没有，欧洲还有。自我期许，是立志、许愿，做得到做不到则是另外一回事。要自己先想想，能不能在一辈子志业里多花点心思，把我的事业与这方面的工作融合在一起做。举例来说，今天我可以挑一个考古学上最近发生的事情来讲，我会讲得非常愉快，你们也听到了考古上一些新的讯息与新的解释。但我为什么要挑这个讲一次苦恼一次的题目？因为我立了心愿，要做这件事，这个心愿跟我一辈子读书是配合在一起的。希腊神话的西绪弗斯（Sisyphus）推石头上山，石头推到山顶上，又滚下来，西绪弗斯再下山去推。这是天神宙斯（Zeus）给西绪弗斯的处罚，他必须一直推，一放弃就永远失败，当他推到山顶那个俄顷之间，石头确实在山顶。这个故事，是锲而不舍的一个巨大注解。如果世界上无数的西绪弗斯立下这志愿的话，这一代不成，下一代不成，子子孙孙再接下去！慢慢做，一点点做，尽力而为之，如此而已。

包副校长：非常感谢许院士。许院士今天谈的是知识分子，他语重心长，本身也展现出一个中国知识分子的面貌与内涵。一个知识分子，不仅应拥有学识，更重要的是他的风范。刚才许教授也特别提到，知识分子有时候是很孤独的，从古到今很多知识分子都不见容于当道，但却可以扬名于万世。同学们很年轻，未来都可以成为有深度的知识分子，我们也应以此为期许。我记得许师母说，许院士一谈到学问，精神就来，不管是责任感也好，还是他心里热也好，可以跟你谈很久，但是若谈到学问以外的闲事，那许院士可能要打瞌睡了。从这段话可以看出，许院士在学问上的执着与追求。我们再次以热烈的掌声谢谢许院士。

许：希望将来还有机会跟各位谈话，谢谢各位。

演讲二

多样的现代性*

* 本文为2006年11月30日于台湾大学“国发所”会议室演讲内容。

谢谢各位同学与在座的同仁,先从“现代性”(Modernity)说起。

目前中国或世界其他各地的现代化方向，都是要走向现代性。大约三十年前，台湾最关注的就是什么是“现代化”，当时由《中国时报》在著名的棲兰山庄召开会议，讨论台湾现代化的方向与过程。那时，我也在应邀之列，但我不愿意参加。余纪忠先生问我为什么？我对他说,以“现代”或“现代化”这个字做标题，在语意上有问题。

“Modern”是最游移的字眼,“现代”是时代的标志，指今天，今天是所有的时段里面最变动的一段。到了明天，今天就不存在，明天本身是明天的今天，昨天是昨天的今天。我没有参加这个会议，但同一时间我在台北的介寿馆举行了一个公开的讲演，讨论的题目不是现代化。

我亲身经历的这个小故事，反映出三十年前全世界都认为现代化是一个“东西”，而现代化的定义是与西方当时的期望相配合，意即大家以西方当时的情况作为终点站。这个论点到今天，大家都觉得有问题了。

什么是现代化？

后现代论者把现代定时为昨天。昨天变成现代的话，那今天又成了什么？后现代本身是反省、解构，也是悖论，不再将现代当成可期盼的对象。在中南美，有人开始以中南美的立场讨论殖民主义，反对以美国来代表“现代”，他们不认为中南美必须跟着美国的模式走才算现代。福山（Francis Fukuyama，1952— ）则认为历史已经终结，到此为止，今天这个样子就是历史的最后一站，此后不过是小修小改。也就是说，现代是全世界走的最后一站，大局已定，人类不会再有灾害或面临困惑。亨廷顿（Samuel P. Huntington，1927—2008）说今天的世界只有野蛮与文明的两分，文明就是现代，以英国与美国为代表。另外，他特别指明伊斯兰或中国会成为严重的挑战者。他虽然没有用“野蛮”的名称，隐含之意，伊斯兰或中国就是反现代。我举这几个例子，是想说明我们对“现代”这个字眼有多么不同的理解。

我曾经和一群朋友，包括艾森斯塔特（S. N. Eisenstadt，1923—2010），讨论文明的定义，提及有哪些文明曾长期存在，其起源与演变的过程为何，以及各个文明系统之间的对抗及融合。在这个命题之下，我们慢慢界定了“现代”的历史性和多样性，我们不能只有一种“现代”——这也正是今天演讲的题目。

现代化的三套特色

假定我们仍以三十年前的现代性为课题，那么它是不是有一种确定的形式？其成分如何？又如何转变？首先，我们分析、界定它的内容，至少可以抽出三套互相关联的特色：一是工业生产与资本主义的兴起，二是民主思想与法治的制度，三是现代科学和理性思维。这三套特色，实际上是互相勾连在一起，很难分开，彼此之间有割不断的关系。举例来说：理性思维和民主法制勾连在一起，也与资本主义的经营勾连在一起；现代科学与理性思维，以及工业生产勾连在一起；资本主义的生产经济和民主政治也有若干程度的勾连。但它们是不是自古就如此呢？是不是从一个源头出来的呢？事实上，它们的来源相当复杂，各有其本身演变的过程。现代科学的根，在启蒙时代扎下重要的基础；理性思维与启蒙有绝对关系；民主、自由与启蒙也相当有关。在启蒙时代已经运作好一阵子的重商主义，和世界全球经济的形成也有很大相关。重商运动、世界贸易，跟资本主义绝对有关。资本主义，如用韦伯（Max Weber，1864—1920）的命题来讲，则又和大西洋西岸新教的伦理有关。我认为资本主义和城市出现、城市商人形成的一套制度有更深的关联性。当然，资本主义的形成，和西欧经由大洋航道征服美洲、征服印度洋，和海外的掠夺与扩张，因而积聚了巨大的资本有很大的关系。

从启蒙运动开始，这三个特色各有其演变，一方面有彼此之间的关系，另一方面又各有各的渊源，等它们有机地结合构成一种体系，在西欧开展之后，已具有巨大的活力，逐渐向各方面延伸扩张。拿破仑（Napoleon Bonaparte，1769—1821）就是这个欧洲扩张运动的象征，使这一套新形态的文化逐步推向东欧。欧洲人在北美建立新国家，也把这一套带到北美洲。同时，这个新生的文化，跟着商人、炮船、传教士的足迹，一步步扩张到东方来。在东方，首先承受此西方文化的是中国、日本，日本很快就决定要全盘接受，中国则一直在抗拒与磨合，其过程到今天还没完成。

我要特别强调，这种新文化逐渐往各方延伸扩散，与西欧帝国主义的扩张以及殖民主义带起的商业利益有着不可分割的关系。这种新文化的扩张，不是一种完全自然的扩张，其中夹杂着相当强力的压迫，而他处也不一定是主动的接受，往往是在面临失败时才不得不接受。例如，中国面临失败，日本面临的是失败的可能，而印度面临的是完全的征服。

历史上的文化涵化

假如我们要在世界文化史上讨论文化的涵化，那么西方的新文化扩张，比较类似当年伊斯兰教的文化扩张。伊斯兰教的文化扩张，倚靠武力与商业，整盘地取代了中亚、西亚及部分非洲地区原来的文化。这一现象，与一般的同化不太一样，是特殊的例子，所以我把它当作文化史上的文化涵化。

历史上，游牧文化的扩张靠的也是征服和互相交换。游牧文化究竟起源在哪里？考古学界至今还在寻找答案，但可以肯定，绝对不是公元前800年今日的新疆一带，要早很多。总而言之，游牧文化的扩张覆盖整个欧亚大陆的北半边，当地本来的许多文化也完全被全盘取代。游牧文化的扩张，一半用强力，一半用接触与交流，很难讲哪个时候、哪个力量比较强。与绝大部分使用军事力量的伊斯兰文化相比，游牧文化接触与交流的成分还是比较多些。

再举几个涵化运动的例子，可以与我们前面提到的“多样的现代性”对比：

一、历史上的希腊、罗马，涵化了整个地中海地区。它的第一步是希腊化，第二步是希腊化转成罗马化。所谓“罗马化”，其成分很复杂，不只是罗马而已，还包括希腊、北非、埃及，甚至两河流域的种种成分。希腊罗马化覆盖的面积不算小，切入深度既深又广，构成今日欧洲文化的底层。

二、雅利安人南下到印度次大陆的涵化运动，为期大约一千年。其后果不是完全的印欧化，而是多样性地改造了印度，使印度从北到南，每个阶段、每个地方都跟别的地方不太一样。

三、中国的情况与上面的例子很类似。中国文化不断从核心向周围发展，但同时，核心也因为吸收了周围传进来的东西而不断产生变化。中国文化的辐射力非常强大，有时是靠征服，但更多时候是靠交流。例如，中国军队从来没登上日本的领土，日本却接受了中国文化。日本、韩国、越南都像中国，但它们也都不是中国。越南与中国，相像比较多；韩国也比较像，但它不是中国；日本则更不像了。中国周边每个地方或多或少都受中国影响，但倒过来，中国也受这些地方的影响。胡人文化改变了中国人的日常生活，可见的几项，包括坐的椅子、穿的衣服裤子。如果中国从今天的水果中，拿掉中亚或南方的部分，剩下的种类就显得贫乏了。中国境内民族众多，单以汉人来说，内容就庞杂极了，福建、广东一带五里不同风，十里不同俗。“汉人”这个名称，根本是人为的名词。中国各地文化的内涵都不太一样，所以中华也是个多样性的中华，但与多样化的印度相比似乎稍微一致些，可说是大同小异。

任何文化的涵化，首先是取决于它本身的底色，不同的底色就会得到不同的后果。如果底色是绿色，涂上黄色或红色，会变成不同于两者的颜色；底色若是白色，涂上红就是红。大家小时候都涂过水彩画，知道水彩画如果画错要改很难，无论怎么改，都没办法改回来。从这个观点来看涵化，人类史上每一次涵化的后果都不会一样，因为涵化是双边的，到后来没有一块板块能涂成同样的颜色。除了和底色有关外，文化的涵化也与涵化的过程及双方内部的结构有关，因而才能造就多样性的现代化，正如同多样性的中国或印度文化。

文化的施与受

再从两个角度来讨论现代化的问题，一是施的方向，一是受的方向。现代性的涵化过程，从输出者一方的欧美方面看，它是强势文化，力量非常强大。当接受者是较弱的文化，而且经济、政治力量，甚至群体人数都极微小时，就会在强力的压迫下，没有一点转圜余地地完全被取代。例如，白人到了美洲大陆，将当地的印第安文化全盘取代，现在北美的印第安人口，只剩下几百万人。南美因有混血的关系，人口数目比较难说，但也没能留下多少当年的印第安文化。中南美还有一点土著文化，但很有限。这是施者强、受者弱，全盘被取代的例子。

再看另外一种类型。英国对印度殖民地，是利用上层土著帮助治理，并且允许上层土著保留一些特殊性。英国面对的不是印第安文化，而是印度古老文明。印度的特点是，每一小块地方都有自己的土王，英国就把这些土王的子弟一个一个转化成剑桥学生、英国律师，让土王投资英国的企业，以达到涵化的目的。英国从上层入手，用生产制度、法律、教育涵化了印度，这跟白人在美洲的全盘同化不太一样。日本在台湾的做法跟英国在印度很像，日本把台湾原来的精英送回大陆，然后再将剩下的转化成受日本教育的地方领袖。同时，一切典章制度、生产方式、教育，都取代了原有的。上面这些例子，都是从“施”的角度说明现代化的形态。现在从“受”的一面看：日本面对欧美的现代化，是自愿被同化。日本的精英，除了少数反抗之外，几乎全盘接受西方观念，而且是自愿的接受。至于日本的下层，反正是听话的，所以也完全接受外来的制度。日本的精英与常民之间，到今天还没有真正平等的关系，仍存有阶层性。日本人服从纪律的特性，在阶层性上面表现得最为显著，他们的纪律不是理性的屈服，而是习惯。日本之外，俄国的现代化也是如此，彼得大帝的改革，是把当时整个西欧的东西搬进来。波兰就不是如此，所以波兰比较不成功。俄国全盘的西欧化，短期内就相当成功，使这个帝国由本来的大农田农奴支撑的经济结构，一下子转变成类似西方的结构。

所以说，有些“受者”为了改变，全心全意与自己的文化脱开，甚至不惜把自己文化的脐带完全切断。这种情况下，常常是新的精英取代了旧的精英，精英跟常民之间的紧张关系也很常见。在日本，这种紧张关系很短暂，因为日本很快就以原有的上下关系抵消了这种紧张关系。俄国的情况稍有不同，常民与精英之间的紧张关系，造成城市与农村、东边与西边的长期对立。

前述各国的现代化，都有个特点，就是从上而下，由精英开始，而且精英内部的结构相当一致，没有太多分歧。俄国的精英，是不住在农村里的大地主、军官和富人。日本的精英，是武士，是军事贵族。日本乡村里虽有一类有清望、有号召力的精英，叫“人格者”、“名望者”，但这群人在明治维新时影响有限。土耳其的精英，则多是军人后裔，所谓“青年土耳其”是当时禁卫军的年轻军官。土耳其本来是伊斯兰国家，凯末尔（Mustafa Kemal，1881—1938）的青年土耳其运动，使得土耳其从上而下地转过来，今天的土耳其既不是西方，也不是伊斯兰式的国家，有它自己的一套结构。台湾在被日本占领之后，和侵犯外力合作的台湾精英主要是地主，特别是那些第二层的地主——大租户下面的小租户，精英阶层内部其实也相当单纯。由于精英阶层内部，并没有太多元的分化，所以转换比较容易。

中国现代化的特色

中国的情况不太一样。首先，中国范围庞大、人口众多，精英阶层内部多样化。从皇室贵族、权贵上层到地方领袖，都可称作精英阶层，况且精英阶层的内部又相当庞杂，有城市的、乡村的，有带功名的、不带功名的，有钱而没有功名的，再加上一些虽一无所有却具有全国性名望的清流。从清代到民国，这些中国传统的精英可以动员的力量非常强大。其次，中国内部文化的差别相当大，南方、北方、客家、福建，台湾闽南人又分漳州、泉州，甚至还有顶郊、下郊等。

中国内部结构并不一致，这个板块既多样又复杂，它不是一个“society”，而是“communities”。因而，在中国动这一块，别处不见得一起动，要一块一块动。动的人也不属于同一个上层，某个地方动的人是这个上层，另一个地方动的则是另一个上层，像清代以船坚炮利的军事现代化，乃是维新名臣的工作，但同时办实业的却是张謇（1853—1926）这类地方大士绅，或是地方上本来有财富的商人，如宁波商人、无锡商人。商人搬来现代的制度，有失败的，如山西商人、徽州商人；有转化比较成功的，如宁波商人。这些商人和想要现代化的维新名臣、士绅，很少互相合作，大都是各做各的，甚至还会冲突抵制。

在中国这个大板块上，江南、北洋、湖南这些小板块动得较早，但陕西、贵州几乎不动；再来是城市动了，乡村不动。直到今天，中国许多乡村还是完全不动，有时我的考古界朋友竟是第一波进去的外人。这些例子说明中国板块的多元性，导致搬动中国极为麻烦。

在中国，所谓传统与现代之分，并不只限于官方或学界，在商界、地方帮会等每个社会团体里，一样会切成传统与现代两边。因此，中国在接受欧美的东西时，磨合过程极长，还惹来好几次战争，例如清朝多次的列强侵华战争、民国时候的八年全面抗战。各位或许感受不到八年全面抗战的意义，但在我这一代，那是刻骨铭心的记忆。这场战争，是对中国全面的搅动：沿海的人口进入内地，使内地接受了沿海的文化，共同的国家意识、民族意识也因而成形。今天要中国大陆拿掉“民族意识”是件很困难的事，因为这四个字是用血泪铸成，它是龙的逆鳞，不能碰，一碰大龙就会翻身。日本首相小泉纯一郎和台湾的部分人士，不懂这一点，常常去碰这个逆鳞。

上述中国现代化的经验，显示中国内部结构和俄国、日本很不一样，因而中国磨合的过程极长，经历的痛苦也极深，其后果就是呈现出多样性的现代化：北方南方不一样，东边西边不一样，上层下层不一样，沿海内地不一样，城市农村不一样，交通线和交通线以外也不一样。在现代以前，中国内部的整齐性远比现在大。换句话说，中国现代化过程，造成的内在紧张是多方面的。

拒绝欧美涵化的伊斯兰地区

世界上有比中国更复杂、更麻烦的地方吗？有，就是伊斯兰地区。伊斯兰主义抵抗欧美，早在大洋航道开启以前，远超过现代。文艺复兴以前的欧洲，其经济与文化水平，无法与亚洲的伊斯兰相提并论，伊斯兰世界占有很大的优势。欧洲在大西洋航道开启以前，就已经开始动了，但动得非常慢，实力不足以和伊斯兰抗衡。欧洲和伊斯兰曾有过那么多次的冲突，一次次的十字军运动，一次次的屠杀，两者之间的仇恨深刻难解。到了近代，英国运用手段，把伊斯兰世界瓦解，法国、德国也参与其中。电影《阿拉伯的劳伦斯》(*Lawrence of Arabia*，1962)，就是描述英国如何瓦解伊斯兰世界的过程。今天中东的四分五裂，不是自然演变出来的，是英国人有意造成的。

今天伊斯兰世界虽然反扑，但却无法启动全面的复国运动，主要是因为伊斯兰世界本身的构成是“世界”(world)，而不是“国家”。伊斯兰世界里，常常有好几个庞大帝国同时存在，例如近代以前，东边有莫卧儿帝国（Mughal Empire），西边有奥斯曼帝国（Ottoman Empire），中间还有几个大的伊斯兰国家。伊斯兰世界被英国瓦解后，成为一个太过复杂的多民族地区，无法用民族主义来号召，不能一致行动，只能以伊斯兰主义为号召。伊斯兰地区各国内部，都有某种程度的现代化改革运动，有的希望把上层统治阶级结成兄弟会组织，但被英国、美国威胁利诱，没有成功；有的想从船坚炮利、建设工厂开始改革，也没有成功，因为伊斯兰宗教的精神、原教旨主义（fundamentalism）太强大且一致——安拉只有一个。英国、美国在中东设立那么多石油工厂，但却没有用原料在那边生产塑胶等石化品，反而运到别处去做，因为这种生产方式违背他们的文化，他们不愿意接受这种生产方式。今天的伊斯兰地区，成为世界上最后一块强烈拒绝欧美涵化的板块。

多样性的现代化

中南美洲另有特色。它的底层已经欧化，但其欧化是以南欧西班牙语系或葡萄牙语系的征服者为对象。中南美既得利益的权力阶层，是非常保守的天主教会和军人，军人没有反省性，而天主教会则是不许反省，皆希望中南美洲留在原有的样子。所以，中南美跟前面提到的几类都不一样，其后果是内部城乡极度分立，统治者与平民极度对抗，西化与本地化朝两个方向发展——甚至是逆向发展。中南美曾发展过回归本土运动，要复活印第安文化，但因为思想没有内容，结果运动停在衣服图案等非常表面的地步。到最后，中南美又有了对抗欧美的力量进去，即左派的马列思想。现在的中南美，有四分之三都是左派了。

从上述世界几大板块的情况，可发现各地多元性的现代化皆有它的历史渊源，也有它存在的合理性。将来的世界，不会在同一板块上，也不会是同一个现代化，更不会是一个和欧美画上等号的现代化。究其原因，除了各地区本来的文化底色不一样外，内部结构也不一样，以至于承受或抵抗涵化的过程、速度和顺利情况也完全不同。

全球化与联合市场

最后谈谈“全球化”(globalization)。全球化这个概念，是最近十年左右开始出现的，最初大家认为将来全世界就像秦始皇统一中国一样，书同文，车同轨，一切都一样，但今天看来已不是如此。实际上，很难说秦始皇当初统一了多少，若真的统一的话，中国后来就不会有那么多地方文化了。

全球化快速的转变，一方面是因为现代的资讯科技，另一方面是因为经济市场化的转变把全世界整合成一个联合市场。我们发现，今天既不是欧美核心继续向周围放射它强大的影响力，也不是已经转变的日本、俄国、东欧等国向四周围发射其影响力，目前出现的是一种回流或返回——我不用“反扑”两字。这种回流，是指本来的边缘流向过去的核心，因而改变了它们的相互地位，形成了一种多向度的融合。举例来说，为什么中国能在最近十年变得这么快？因为中国虽没有技术，没有资本，却正好有市场、劳力、土地与资源，结果生产基地从美国、日本、台湾地区搬到中国大陆。19世纪末20世纪初的时候，生产者以其货品来掠夺消费者的财富，现在的情况是生产分散了，分散出去后，消费者反而最有力量。消费者多的地区，是最富有的地区，最富有的地区以其消费力量，朝着生产地区“返回”。

而生产本身，也出现了非常有意思的现象。在美国，四五年前尚不觉得，但约从两年前开始，当你打电话到航空公司订飞机票时，会感觉到对方的口音不对，因为对方是印度人或菲律宾人，正在印度或菲律宾跟你对话。在美国，这叫作“外包”(out-sourcing)。生产线的延长，是另一种形态的外包。过去的福特汽车公司，它的生产线是三英里半的一条流线，各做各的工作，在这头摆进钢块，那头生产出来汽车。今天的汽车或任何其他东西，每个生产阶段都被切割成一段一段，产品打开来都是“联合国”，其中大部分是源自中国或印度。由于核心要得到最好的消费，结果就反过来走了。这种返回的情况，造成核心流失了人才、资金，也丧失了优势。此现象，与当年孙中山所担忧的问题恰好倒反过来。

管理系统的“一条龙”结构

今天的管理系统也一样，公司从金字塔结构变成一条龙结构。管理不由中央，决策也不由中央，更不必有中央会计，而是每一段个别做，我称之为“一条龙”。一条龙结构，与过去公司的金字塔结构完全不一样，它的每个部分既对抗又合作，每个环节都是平等的，都是可以取代的，只要出现一个预料不到的情况，别人的产品就会取代了你的产品。如果我的上一层供给者超过一个以上的话，那我居优势；如果我下游的消费者有多个，我也居优势。一条龙结构，可能是未来全世界企业组成的形态，过去的管理学个案都要作废，而今天的台湾还没有注意到这个现象。这个大变化，使得前述现代性的资本主义市场经济与工业生产的组织形态与功能，有了根本的转变，受者与施者之间的比重，也有了很大的差别。那么，今天谈的这个“现代”，还是不是三十年前谈到的那个“现代”？

再以科学来说，科学靠的是脑子，脑子的力量一定要集中才能有成果。科技研究的实力，若不到临界点的话，就不容易激起火花，创造出新东西。今天的科学工作越来越集中，越来越变成由若干中心独占，科技实力聚集化的趋势非常明显。由全世界的科学板块来看，美国占五块，英国占两块，欧洲合起来占一两块，日本占一块，目前中国一块都没有。这些板块有强大的吸力，会把最好的人才与计划都吸进去。这和刚刚谈到的一条龙结构不一样，教育本来应该是最平等的，但现在不行了。美国科技界有着非常高的国际性，跟台湾地区或印度的关系都很深，最好的科技研究队伍里已不仅是欧美人了，数学好的常是印度人，物理、化学、生物好的常是中国人。如果印度与中国人撤退的话，美国的科技实力会垮掉一大截。其他国家也一样，所有的研究团队都是高度国际性的，而这些人又造成一个连线，连到他的母国去，连到他自己的学校去，使得这几个大的科技板块之间，有许多的卫星。

这个结构和过去很不一样，因为它和四周的社会是隔离的。原本理性思维和科学是分不开的，但这么一来理性思维与科技反而无法延伸到凝聚点以外的社会去。例如，美国大学校区和城市是对立的，两者之间的鸿沟越来越深。我曾在杜克大学（Duke University）工作，那里像个甜甜圈：中间的小圈圈是高度国际性、科技性的研究园区；外一层的大块圆圈完全落后，是种烟草、甜菜、土豆的南方农村；更外面一圈，是高度依赖性的养老社区。这三个圈子，互不来往。换言之，欧美核心地区因为形势转变，形成这样一个奇怪的现象。

没有中心的未来世界

人类社会正在彻底重组的过程中，这个过程不知道要到哪天才停止。将来的世界，不是今天或昨天的欧美世界，不是我们今天所理解的多样性板块，而是个错综复杂不再有中心的网络。这个网络像是由许多不同种类的藤条，错综复杂纠缠而成的网，一点秩序都没有，一点线索都找不到，但是它自己会有自己的通路。如果你找只小毛虫，放在藤条缠成的网络上，小毛虫会找到路去爬。那时候的人，有些可能永远没有机会，有些则有很多的机会。我最不愿意看见的，是百分之五有钱有势的人成为一个阶层，百分之九十五无钱无势的人变成另一个阶层。

今天的新闻提到，印度花大钱仿效 MIT（Massachusetts Institute of Technology，麻省理工学院）成立了 IIT（Indian Institute of Technology），并要设立五个分校，付给教授的薪资比 MIT 更高。印度人厉害，五个分校形成后，等于有六个 MIT 在印度，主要的目的就是从全世界掠夺人才。相较之下，台湾五年五百亿办大学，搞了半天，最后还是人人有奖。将来，各位也许有可能到印度去就业。

总结一句话，我们正处于台风中心，许多变化正在进行，我们不应只从目前看问题，该想得更远些才是。